텅텅 가벼웠던 어떤 꿈 얘기

# 텅텅 가벼웠던 어떤 꿈 얘기

오상룡 시전집

( )최측의농간

## 文을 여는 門
―편집자가 독자에게

　이 책은, 시집은커녕 등단조차 한 적이 없었던 한 시인을 위한, 그가 남긴 모든 작품을 한데 모은 시전집입니다.
　그 시인의 이름은 오상룡(吳相龍)이며 그는 1974년 세상에 나와 2004년 우리 곁을 떠났습니다.
　최측의농간은, 시인의 벗 김학현 님의 주도로 가제본 돼 남겨진 오상룡 시인의 유고 문집 『물의 구멍 혹은 물고기 詩學』과 그것을 오랜시간 간직해온 김정란 시인으로 말미암아 이 책의 출간을 준비할 수 있었습니다.
　시인이 남긴 모든 시를 모은 책이므로 '시전집'이라는 말로 그 성격을 드러냈지만 문집 출간의 형식과 의도를 존중해 책의 내부는 시집의 체제를 따랐습니다. 이로써 시인과 함께, 유고 문집을 찍어내기 위해 한데 모였던 마음들을 기억하고자 했습니다.
　시전집을 위한 제목은 '텅텅 가벼웠던 어떤 꿈 얘기'로 새롭게 세웠습니다. 그 세움의 뿌리에는 "자신을 비워 세계가 되는 젊은이"라는, 시인을 기리는 김정란 시인의 헌사가 있고, 무엇보다, 시인으로 태어나던 시인 오상룡의 아프고 빛나는 순간이 있습니다.
　벗으로서 시인의 떠나감을 기리기 위해 그의 작품들을 수습하여 문집의 형태로 세상에 남겨주신 김학현 님과, 오래 보관해왔던 제자의 문집을 건네주시며 시인을 소개해주신 김정란 선생, 따뜻한 애정으로 출간에 협조해주신 시인의 부친 오충수 님께 깊이 감사드립니다.
　이 책을 펴내며 우리는 이제 오상룡 시인을, 여러분과 함께 기억하고자 합니다.

일러두기

1 이 책은 오상룡 시인의 유고 문집 『물의 구멍 혹은 물고기 詩學』(2005)을 저본으로 삼되 편집이나 조판상의 명백한 오류로 보이는 부분은 바로잡았습니다.
2 맞춤법과 띄어쓰기의 경우 현행 국립국어연구원 '한글 맞춤법'에 따르는 것을 원칙으로 하되 한자의 경우 임의의 한글 변환 없이 한글 독음을 병기하였습니다. 다만 일부 구절의 경우에는, 시인의 의도와 작품의 맥락을 고려하여 현행 맞춤법 기준과 맞지 않더라도 시인이 정서해놓았던 형태로 게재하였습니다.
3 시의 한 연이 첫 번째 행에서 시작될 때에는 <로 표시하였습니다.

차례

文을 여는 門  5

자서  10

별을 그리워하는 한 소년이  15
오리  16
고양이 상형문자  18
물의 구멍 혹은 물고기 詩學<sup>시학</sup>  20
풀잎이 싫어져  22
망사인간  24
그의 연보  25
내 속에서 걸어 나온 요괴  27
피나는 그림  29
자가진단서  30
우리는 본디 폭탄이었으나  31
어떤 품 속  32
씨부리다  34
이상하게도 봄날  36
머메이드 숍(MERMAID SHOP) 사내의 비밀  38
해골 사나이  41
가을 역의 묵상  43
개집과 이어진
무한히 긴 개목걸이를 달고 있는
개  44
동굴 입구에 서 있기  46
비듬  47
이중생활  48

짐 꾸리기  50
오늘만큼 행복하진 않으리 분수대  52
나의 꿈은 원양어선  53
햇빛  54
할멈과 지낸 겨울 오두막  55
한때 엉켜 있었으나 이제는 맑아진 침묵  57
서늘한 바람 詩<sup>시</sup>  58
생일에 부쳐  60
롹커가 되지 못한 아이들  61
반딧불 이야기  62
무제  64
지금 나에게는
말조차도 장난감입니다
몸조차도 장난감입니다  65
스위트홈  66
목욕탕  67
비 그친 잠시  68
텅텅 가벼웠던 어떤 꿈 얘기  69
그리고 가끔씩만 교신하고 싶다  70
나는야 사랑의 고무줄  71
음악도흐르지않는이어폰을귀에꽂고거리에서詩<sup>시</sup>를쓰는
워크맨  72
  황금빛의 맥주캔  74
  기타 치는 詩<sup>시</sup>  75
  공놀이  76

환멸이다　77
어느 오후 네시 반　79
문짝들이 달린다　81
K씨　82
냉장고에 갇힌 사나이　83
외로움에 의연해야지　84
내가 그린 기린 그림　87
변신　89
어떤 건강학　91
검은 산 하나　92
어떤 개미 한 마리의 위험　93
저돌적 바퀴벌레　94
우리가 녹는다면
어깨동무하고 거푸집에 풍덩 빠졌다 나와
똑같아질 수 있겠지만　96
나는 거기 墓穴<sup>묘혈</sup>을 판다　98
새 침대에서　100
늘 거기에 있어요　101
체코까마귀　102
소원　104

얼음동굴의 천사　107

시인에 대하여　133

# 자서

詩<sup>시</sup>는 연애편지다 하는 말에 나는 동의하네. 간절하지만
끝이 없는 그 무엇에 대한 짝사랑. 그리고 또한 애가 타게
누군가를 사랑하게 되었을 때, 애가 타게 그니에게 나를 열어
보이고 싶어질 때, 그러나 일상의 말들이 너무 쩨쩨하여
다 부질없어지려는 텅 빈 침묵의 시간. 수줍게 내어 보일
내 마음의 日記<sup>일기</sup>. 詩<sup>시</sup>는 한편으로 보면 그런 것이라고
믿고 있네그려. 아주 수줍어야 하지, 아주 은밀해야 하고.
아픈 비밀을 고백하듯, 아주 어려운 일이지만 아주 어려운
일이기에 그니에게 마땅히 털어놔야 할 일. 아주 어려운
일이기에 그니에게 소중한 선물이 될 걸세그려. 스무 살적부터
끄적대던 터무니없는 졸작들을 내어 보이네. 나로선 수줍어야
할 것이고, 그렇지 않으면 자랑스러워야 할 것이고, 그것도
아니라면 티끌도 남김없이 태워버리고 싶을 만큼 분노해야
할 것이지만… 그러나 나는 그저 무덤덤하네그려. 요것들을
정리하면서 내 건축술의 빈약함과 그 건축 속의 횅함이
조금 속이 쓰렸네. 그러나 견디지 못할 만큼 아프지도 않고
그저 무덤덤하네그려. 그것은 내 마음의 日記<sup>일기</sup>가 그만큼
내 마음의 核<sup>핵</sup>들을 제대로 건드리지 못하고 있기 때문이네.
요것들이 온전히 세계와 내 눈과 귀와 마음의 核<sup>핵</sup> 들이라면,
어찌 수줍지 않을 수 있겠나. 그러니 무덤덤하네. 그저 조금
안타까울 뿐이네그려. 어쩔 수 있겠나. 그냥 이 모습 이대로,
거덜나고 횅한 모습, 별것도 아닌 모습 그대로 내어 보이네.
그저 밥 한 끼를 사는 일과 같은 일로 봐 주게그려. (뭐라구?
어찌 요것들을 김이 모락모락 나는 따뜻한 밥, 몸을 일궈주는
값진 밥 한 그릇에, 감히!) 부디 성내지 않는 마음으로, 보듬어

주는 마음으로, 잘 봐주면서, 읽어주게나. 염치 불고하고 감히 말하네그려. 세상이 있고… 나에게도 눈이 있고 귀가 있으니, 내 깊은 속 어딘가에 분명, 나도 모르게 써진 책 한 권도 있으렷다! 오늘도 나는 다만, 그 책장을 넘기고 싶으이. 지금은 저녁 일곱시. 비가 추적거리네그려. 그 책도 비에 젖고 있을 걸세. 나는 도대체 몇 페이지쯤에서 서성대고 있는 걸까. 비에 젖은 책은 꿉꿉하고 그럴 듯한 냄새를 풍기네그려. 읽고 싶다네, 넘기고 싶다네. 찬찬히, 간절히, 고요하게.

1998년 6월 13일 相龍<sup>상룡</sup>

텅텅 가벼웠던 어떤 꿈 얘기

## 별을 그리워하는 한 소년이*

별이 보이지 않아요. 별이 보이지 않아요.
별이…　별이…

언젠가 그 어릴 적 보았던
나의 눈물방울과도 같았던 별이… 별이…

별을 보고 싶어요. 별을 보고 싶어요.

하늘이 온통 별로 찬란히 휩싸여 있는
그 하늘.

이 빌딩과 이 네온의 찌든 문명 속에서
그 순수했던 별의 아름다움마저 잃고
무엇을 찾아가는 것인지…무엇을.

별이 보이지 않아요.
별이… 별이… 별이… 별이…

---

* 문예반 입성 이전에 쓰인 것으로, 중학교 3학년쯤인가 낙서처럼 쓰인 몇 편의 것들 중 유일하게 남아 있는 작품이다. 詩라는 이름으로, 처음으로 백지에 펜을 대던 그때의 감동이 생생하다.(시인 후기)

## 오리

나는 물속 깊은 곳, 아니면 허공에 있다
수면에 없는 나


오리는 오리無中<sup>무중</sup>이므로 五里霧中<sup>오리무중</sup>이다

물속은
깊이를 더해갈수록 어두워진다
마침내 출렁이는 어둠이 내 몸을 핥아먹기 시작한다
알 수 없는 것, 안쪽으로부터 서서히
아예 땅속까지 잡아당겨 주시지요

공중은
높이를 더해갈수록 밝아진다
마침내 딱딱한 밝음이 내 몸을 갉아먹기 시작한다
빤한 것, 바깥으로부터 서서히
아예 하느님까지 잡아당겨 주시지요

그러나 나는 오리다

나는 마땅히 수면에
떠 있어야 한다 거꾸로 떠 있어도 좋다
나를 앗아갈 수 없는 수면
떠돌더라도 수면에서
풍성한 몸과 새하얀 깃털

밝음과 어둠 세상의 온갖 빛깔 받아가며
물살과 빛을 따라 유유히 어쩌다
어떤 한 마리 몰래 훔쳐본다면
웃고 울며 줄기차게 갈퀴질하는 두 발
너도 그렇게 항해하고 있었구나
어떤 한 마리 지켜봐줄 수면

    물속으로 첨벙!
    공중으로 후다다닥!
    다시 항해
    하는 꿈

## 고양이 상형문자


　달도 없는 야심한 밤, 그친 비가 반짝이며 잦아드는 길바닥에
　담뱃불을 던져 끄고서
　나는 고양이 삼백 마리를 풀어놓는다

　꼬리에 불이 붙지도 않았는데
　고양이들은 길길이 날뛴다
　희한한 상형문자 모양의 커브선을 제각각 그려가며 삼백 마리가
　장난질도 아닌 싸움질도 아닌 도망도 아니고 갈망도 아닌
　내가 짐작할 수 없는 어떤 힘의 향연을 벌인다
　단 한 마디의 울음소리도 없이
　길바닥은 단지 헤아릴 수 없이 빠르고 무질서한 발바닥 소리로
　더럽혀진다

　저들은 이미 저 복잡한 운동의 선들을 준비하고 있던 것일까
　그건 아니겠지
　누군가가 저들을 지독하게 억압했던 것일까
　그것도 아니겠지
　그렇다면 너희들의 한밤의 이 미친 짓은 대체 무엇이냐
　나는 그것을 해독하려고 잠시 생각을 꼬물거리다가 이내 포기하고
　고양이 삼백 마리를 다시 모두 거두어들인다

<

　그리고 걷는다 헛헛함에 다시 새 담배를 꺼내 물고
　정처 없이 아무 골목이나
　고양이들의 소리가 전혀 들리지 않는다
　시치미를 떼고 얌전히 있는 것이 아니라, 아예 사라진 것이다
　녀석들은 언제나 이런 식이다
　그들의 습성에 따라, 한바탕 실컷 놀고서도 나에게서 또 한 번의 승리를 거두었다

## 물의 구멍 혹은 물고기 詩學시학

그러고 보면 저 작은 물고기는
물과 물 사이의 틈을 헤집고 있다
물과 물 사이의 아주 희박한
아예 없다! 라고 말할 수밖에 없는 구멍을 비집고 들어가고
또 비집고 들어가 자신의 궤적을 늘려가고 있다
물고기에겐 물이 참 딱딱할 것이다
딱딱하고 너른, 널빤지 같은 물의
광포한 절벽들 혹은 두께들 앞에서
구멍을 뚫는 저 작은 물고기는
스스로 오직 한 몸으로
몸이 들어갈, 오직 한 몸에 딱 맞는
공간을 창조해
그 속으로 들어가고 있는 저 작은 물고기는
물고기이며 또한 예리한 송곳이다
송곳으로 구멍 뚫은 공간 안에 굳이
노래가 될 입김을 불어넣지 않는다
공간이 창조되는 순간 딱 맞는 한 몸을
채워 넣을 뿐인 저 작은 물고기에게
그 공간은 옷과 같다
꼭 필요한 옷들만을 자유자재로 늘려가고 있는 저 작은
물고기는
  옷을 입는 순간 바로 다음 옷을 입어야 하는 저 작은
물고기는
  매 순간이 이사 가는 날이다
  움직임이 그냥 몸이며 그냥 옷인,

옷이 돼버리는
　딱딱한 널빤지를 뚫기 위해 단 한 순간도
　지느러미를 늦출 새 없이 어디론가 나아가고 있는 저 작은
물고기에게
　저 부드러운 송곳인 저 탐스러운 한 몸은
　그러니까 그냥 詩<sup>시</sup>다

## 풀잎이 싫어져

　　풀잎을 좋아하였지 선선한 바람이 부는 볕 좋은 날 풀밭을
뒹굴며 노곤한 졸음에 겨웠던 날 이유 없이 풀잎들을 한
움큼씩 잡아 뜯을 때 조금 저항하다가 뜯겨 나오는 그
자연스런 힘의 한계를 좋아하였지 무엇도 할 수 없고 또 그
무엇도 용서될 수 있는 시간들 마른 번개가 갑작스런 운명의
위기처럼 내리치고 장정들이 황황히, 황야의 황폐함을 못내
견디지 못해 식구가 있는 노란 창 속 같은 데로 꺾여들던 날
함부로 쏘아대는 바람의 칼을 등에 태우고 이리로 저리로
유연하게 춤을 추는 저곳의 풀 몇 포기, 그 순진한 운동의
원리를 좋아하였지 이슬 내릴 때 다시 제 물결 찾는 그
의연함에 감복하였지 찬 비, 모든 걸 다 포기하고 쏟아져 내려
잎을 쑤시려 들 때 슬쩍슬쩍 건덩거리면서 제법 오랫동안
떨어진 빗방울을 다 받아내는 풀잎 풀잎들을 좋아하였지

　　그러나 어떤 소녀들이 갖고 있는 지나치게 깨끗하고
지나치게 호기심에 들뜬 깊이를 짐작할 수 없는 검은 눈 그
멀뚱멀뚱한 표정을 볼 때, 풀잎만 죽자 사자 평평한 바다인
양 펼쳐진 그 막막한 눈동자에 빠져들면서 묘연한 현기증이
치밀어 오르는 오전 한때
　　전 생애를, 고작 몇 낱의 실오라기 뿌리에 의지하는
　　풀잎이 싫어져
　　제 속 어디에서 밀지도 어디에서 당기지도 않는
　　그 아슬아슬한 긴장의 힘도 갖추지 못한
　　독하게, 홀로 누구를 위해 긴 잎맥을 뻗칠 악다구니도 없는
　　버팅기며 버팅기며 아프다고 아프다고 아프나 아름답다고

경련조차 속으로 삭이는 침묵의 신성함도 모르는
철딱서니 없게도 사랑해야 할 것 미워해야 할 것 구별
못하는
풀잎이 싫어져, 역겨워
다만 역겨울 뿐이야

## 망사인간

　마음속엔 누구나 PVC 파이프를 하나씩 갖고 있어요 입구는 밖으로 열려있지만 출구는 어디인지 몰라요 주로 강한 바람이 들어오지요 바람은 육체를 갖고서 파이프를 가득 메우며 들어오지요 훈풍이거나 열풍이거나 파이프의 벽면은 잔뜩 긴장해요 흥분하거나 고통을 견디지요 뜨뜻한 고름이 뚝뚝 떨어져요
　라고 말하자 한 남자가 조용히 읊조린다

　그렇다면 저는 예외입니다
　그렇다면 저는 망사입니다 아주 얄팍하지만 깨알 만한 무수한 구멍을 가진 망사 한 자락 낙타 같은 바람도 쉽게 지나간답니다 어느 구멍 하나가 파르르 떨고 있다 해도 무수한 다른 구멍들이 말똥말똥 눈을 뜨고 있답니다 귀퉁이마다 고정된 압정만 완전하다면 무엇도 저를 뚫을 수 뚫지 않을 수 있고 없지요 그래서 무심하다는 말을 듣지요 무섭다고도 하고 편하다고도 해요 열정이란 있을 수 없어요 좌절도 없고요 누군가와 들끓는 사랑에 빠져들 수 없답니다
　라고 말하자 한 여자가 조용히 읊조린다

　외롭겠군요

## 그의 연보

연보 이외의 사생활이 거의 알려지지 않은 그가 죽고 나면, 호기심에 들뜬 연구자들이 그 짧은 연보를 과도하게 분석할 것이다. 그의 친지와 동창생 들을 만나 세세한 이력을 들춰낼 것이다. 개울가에 버려진 조약돌의 생김새로 난해하게 뻗어가는 물의 흐름을 성공적으로 예측해낼 것이다. 마치 지나간 연보의 총합이 그의 실체이기라도 한 것처럼.

하지만 미간이 늘 꼬여 있는 그는 '生$^{생}$은 이곳에 있지 않다'고 어디에선가 말했으며, 연보에 나오는 각 사항들은 그때마다의 걸림돌임과 동시에 피할 수 없는 타협점이었을 뿐이다. 그는 자신을 내용물이 없는 무엇이라고 여겼으며, 그래서 생애 전체에 어떠한 것도 남기고 싶지 않았다. 오로지 작품과 아내, 두 개의 단정한 울타리 속에서만 아주 옅은 희망의 윤곽을 스케치하고 싶어 했으나, 그것들 역시 生$^{생}$의 다른 곳에 내기를 거는 소량의 판돈 이상의 것은 아니었다. 실패한 뒤에 남은 굳어버린 찌꺼기 같은 것. 그는 실체가 없는 사람이며, 그가 바라보는 곳은 존재하지 않는 곳이다. 어디엔가 이런 투의 장면도 있었다.

들춰내면 그 뒤에 아무것도 없는
한 장의 종이
당신은 세상을 믿으십니까?
나는 그 종이를 마구 핥아대고 싶을 때가 종종 있답니다

그는 작품에 몰두함으로써 자신에게 붙박인 연보로부터

탈출하고자 하지만 그렇게 쓰여진 작품들이 다시금 연보를
더욱 늘린다는 사실 앞에 경악하고는 만다.

## 내 속에서 걸어 나온 요괴


生$^{생}$과 滅$^{멸}$ 사이에 백사장이 있습죠. 아주 드넓습죠.
엥? 벙어리인줄만 알았던 그가 말문을 연 것이다.
나는 그곳에서 맨손체조에 열중했습죠.
이 몸뚱어리 하나, 무수한 거울들, 들뜬 피곤함.
혼음난무가 행해지는 그런 곳입니까?
그것도 맞는 말이오만, 사정은 용두질로 행해지습죠.
아아, 죽은 것도 아니고 그렇다고 사는 것도 아닌 아아,
저도 종종 그런 느낌으로 살고 있습니다만,
아무튼 사는 것이 아직 시작되지 않은 그런 느낌입니까?
맞는 말이오만, 나는 지금 느낌 같은 걸 말하는 것이 아닙죠.
나는 백사장에서 生$^{생}$ 쪽으로 걸어 나온 사람입죠.
그는 매우 난감한 표정을 지어보였다.
그러니, 걸어 나오는 순간 모든 것은 건설되고,
그곳까지 건설되어 있어
무슨 말이든 지껄일 수야 있지만,
이런 건 모두 뭐랄까⋯⋯ 궁여지책의 은유들일 뿐입죠.
내가 生$^{생}$ 쪽으로 걸어 나오면서 그 뒤에 비로소 백사장이
있습죠. 백사장이라는 은유가 비로소 생기고,
실은 백사장은 없습죠. 生$^{생}$도 滅$^{멸}$도.
이보시오! 저에게 弄$^{농}$을 거시는 겁니까?
그게, 그게, 그게 아니고 生$^{생}$과 滅$^{멸}$ 사이에 백사장은
있습죠. 거짓말을 하는 게 아니오. 아주 드넓습죠. 나는
맨손체조에 열중했습죠. 이 몸뚱어리 하나, 무수한 거울들,
들뜬 피곤함.
　단지 이건 이곳의, 말의 세계의⋯⋯

말의 세계는 말로, 침묵의 세계는 침묵으로 표현되므로……
그리고 그는 말문을 다시 닫은 것이었다.
그리고 영영 그를 볼 수 없었다.

## 피나는 그림

　피나는 저 그림은 아무래도 네가 남기고 간 복수의 징표 같으다
　붉게 철철 흐르지도 않고
　허옇게 송글송글 자꾸만 맺혀서 걸쭉하게 뚜욱뚝 떨어지는 중인 저것은
　분명히 피이면서 음험하게 째려보는 원한 같은 것이다
　나는 저 그림을 내 책상의 뒤꼭지 벽에 옮겨 걸어놓은 적이 있었다
　오른쪽 벽으로, 다시 왼쪽 벽으로 바꾸어보기도 했다
　그리고 나 역시 피나게 살고 있다고 항변했다
　애써 더 가혹한 삶만을 택해왔지만
　그것은 모두 은유에 불과했지 않느냐고 저 그림이 가차 없이 응징한다
　그것은 모두 극단의 핏물을 덮은 한 장의 종이 같은 것이 아니었느냐고 응징한다
　깊은 소실점의 광막한 심연에 나는 아직도 연루되어 있는 것이다
　허옇게 그렁그렁 울면서
　볼수록 피나는 그림은
　마치 시계처럼 돈다

## 자가진단서

1. 쪼그라들지 않고 가장 멀리 확장되려면, 되도록 아무것도 안 하고 있어야 한다는, 천성적인 신념을 갖고 출발했다.
2. 그러나 곧 〈안 함〉이라는 〈함〉이 질리도록 매몰시켰다.
3. 방법을 바꿔, 〈너무 옅은 것〉을 발명해 거기에 의탁하기로 했다. 단, 그 옅음은 너무너무 옅은 것이어서, 경계를 흐리며 끝까지 번져 마침내 壁<sup>벽</sup>의 이면을 육박해 입체를 이루는 깊이의 옅음이어야 했다.
4. 이를테면, 없애기로서의 창조-로서의 확장. 그러나 이미 짙어진 것에서 옅은 것이 나온다는 건 기만이었다. 그에 앞서 필수불가결한 것은 〈이미 있는 나〉의 폭발이라고 여겨졌고, 폭발이라면 돌진하여 폭발하는 법밖에 몰랐다.
5. 돌진하면서 터질락 말락 하는 내부에 온 신경을 집중시켰다. 한편으론 증폭되는 긴장 속에서 껍질의 단단함이 생생히 감지되었고, 그럴수록 폭발 순간의 충격 강도가 조급하게 예감되었다.
6. 그렇다면 폭발 순간, 아주 작은 것이나마, 무엇이 돼버린다는 것이었고, 질겁하여 돌진을 멈췄다.
7. 그때부터 치밀어 오름과 자위적 체념이 고만고만하게 반복되었다. 현재는 언제나 그냥 보낼 수도 폭발시킬 수도 없는 바늘방석이었다.
8. 그러는 와중에도 초침 소리는 잭각잭각 부풀어 올랐고, 재수 없게도 어딘가 달라붙은 촉수 하나가 그 소리들을 다 받아내어
9. 나는 모오든 不眠<sup>불면</sup>과 强迫<sup>강박</sup>과 偏執<sup>편집</sup>에 절여져 괴이하게 비대해지고 있다.

## 우리는 본디 폭탄이었으나

우리는 본디 폭탄이었으나, 너무 오래 낙하하였다
십 년을 낙하하고 이십 년을 낙하하고 삼십 년을 낙하하였다
속도감이 서서히 무뎌졌다
지루해졌던지, 옆에서 떨어지던 폭탄에서
툭, 손 하나가 불거져 나왔다
오 형 별일 없는가?
어이, 김 형 위장에 별 탈 없수?
이 형은 장가갔다며?
그리고는 여유를 지나치게 부린다 싶어 동시에 입을 닫았다
끝없이 더해져가는 가속도에 우리의 힘은 소용없는 것이 되어갔다
그럼에도 대지는 아직 까마득히 멀기만 했다
몇은 현기증으로 두어 해간 실신 중이었다
우리는 식어갔다 심드렁히
자신이 폭탄이었음을 망각해갔다

세월이 흘러 어느 날
지면에 가 닿는 순간이 찾아왔다 그 직전 일 센티를 남겼을 때
우리는 마침내, 일순, 가벼워져
풍선이 되어 날렸다
뒤룩뒤룩 갑자기 허연 뱃살이 부풀어갔다
우리는 염치없게도 서로에게 어깨동무를 했다
주책맞게도 투명해진 속을 다 털어놓았다
그리고 희희낙락 낄낄대며 갈빗집으로 두둥실 떠갔다

## 어떤 품 속

1
  비바람이 세찬 크리스마스이브의 거리를 빠르게 걸어다녔다
  그 낯선 고장의 시내 광장은 비수기의 피서지처럼 을씨년스러웠고
  집들의 덧문들 틈으로 불빛이 보이지 않았다
  식료품점이나 찾아보려고 나는 더 빠른 걸음으로 바람들을 헤저었다
  '이곳의 관습을 나는 알지 못했군. 크리스마스이브의 늦은 밤엔
  모두들 불을 끄고 자거나, 아니면 다른 도시로 여행을 가버리는가 봐'
  식료품점을 찾았으나 술주정꾼이 소리를 지르고 있어서
  못 본척하고 같은 속도로 그곳을 지나쳤다
  이 도시에서 가장 큰 건축물 문 앞에 한 동냥꾼이 손을 내밀고 있었다
  나는 그를 못 본척하고 그 안으로 들어갔다
  사람들이 말없이 하나 둘 자리를 찾아 앉고 있었다
  촛불과 파이프 오르간이 따뜻하게 타오르고 있었다
  무슨 행사인가 시작되고 있었다 조용하게 노래가 불려졌다
  마음이 고요해졌다 그러면서도 나는 무엇인가 자꾸 머릿속을 꼬물락거렸다
  그런 나를 자책하면서 그 우연히 만난 고요함 속에 파묻히고자 했다

<

　2
'어떤 품 속에 들어갔다 나온 것 같은 걸'
　다시 바깥에는 세찬 바람만이 요란하게 거리를 누비고 있었다
　또 한 번 중얼거렸다. '분명 어떤 품 속이었어'
　그러나 그렇게 중얼거리는 순간
　어렵사리 만났던 그 품 속의 느낌은 딱 멈춰버렸다
　나는 그런 나를 자책하면서 빠르게 그리고 어수선하게 나의 방으로 돌아왔다
　화장실에 가두어두었던 고양이를 꺼내 내 품 속에 안아보았다
　고양이가 내 손등을 할퀴었다

# 씨부리다

남자

 일어나보니 그녀는 없다. 시계를 보니 정오가 지났다. 그녀는 아마 바다를 거닐고 있을 것이다. 그녀가 언제쯤 침대를 살며시 벗어나 방문을 살며시 열고 바다에 나갔는지 알 수 없다. 어제도 그녀는 일출을 보러 어둑한 새벽 다섯시에 바다에 나갔다. 어제저녁에 여관의 일층 식당에서 동태찌개를 먹으며 그녀가 그 사실을 말해주었을 때 나는 사뭇 의아해졌다. 허름하지만 해안선에 붙어 있는 이 여관이 자기 마음에 쏙 든다고 할 때부터 나는 뭔가 잘못된 기분이었다. 그녀는 불쑥 밤 파도소리를 들으며 잠이 들면 얼마나 행복할까라고 말했지만, 그런 말은 도무지 그녀에게 어울리지 않는 말이었다. 바다니, 밤이니, 파도소리니…… 그런 걸 그녀가 정말로 좋아했던 걸까?
 아니다. 내가 아는 그녀는 절대 그런 여자가 아니었다. 공휴일의 롯데월드 어드벤처나 드림랜드 같은 인산인해 속에서, 혹은 젊은 남녀들이 서로에게 추파를 던지며 온몸을 흔들어대는 나이트클럽 같은 데서 소리나 꽥꽥 질러대는 순간에만 행복의 절정을 느끼는 그녀였다. 눈 내리는 날 조용한 단골 찻집에서 차를 마시는 일 따위로는 단 일 분만 있어도 따분함을 느끼던 그녀. 책읽기라면 딱 질색이고 영화를 봐도 때리고 부수는 할리우드 액션물만 즐길 줄 알지 조금만 느리고 고상하다 싶으면 거들떠보지도 않는 그녀. 그런 그녀가, 뭐? 바다라고? 밤의 파도소리라고? 정말 믿기지 않는 일이었다. 거기다 이제는 일출을 본다고 그것도 혼자서 쌀쌀한 새벽공기를 맞으며 벌써 이틀째 청승을 떨고 있다.
　그러나 뭐 잠시 이상해진 거겠지. 그녀는 오늘 이후로는 정신을 차리고 자신의 궤도를 찾을 것이다. 내일부터는 침대에서 늦은 잠을 자고 저녁 드라마나 켜놓고 희희낙락거리며 새우깡이나 양파링을 우적우적 씹어대며…. 정신을 차릴 것이다.
　문득 나는 그녀를 떠나고 싶어진다. 이곳도 떠나고 싶어진다. 아름다운 곳이지만 그녀의 가증스런 행복 때문에 이곳의 이미지는 나에게 이미 버려졌다. 더 이상 아름다울 수 없다. 파도소리도, 바다도, 이 한적함도. 그녀를 진작 버렸어야 했다. 그래, 바로 지금이다, 내 짐을 싸자. 그리고 살며시 이 허름한 여관을 떠나버리자. 생각해보면 얼마나 쉬운 일인가. 나는 왜 그녀와의 결별을 이렇게도 유보해왔던가. 이런 헤어짐이 서로의 가슴 속에 엽서의 예쁜 그림처럼 남지는 않겠지만, 뭐 아무려면 어떠랴. 그래, 마음이 변하기 전에, 그녀가 돌아오기 전에, 돌아와서 정말 이곳은 천국이라느니, 여기서 평생 늙어죽고 싶다느니, 그런 믿을 수 없는 말들을 씨부리기 전에 떠나자. 이 여관도 그녀도…… 그래, 이젠 끝이다.

## 이상하게도 봄날
―1998년


　이상하게도 아침만 되면 나는 다시 태어난다
　이상하게도 밑줄까지 그어가며 읽었던 책을 생판 모르는 책으로 다시 읽게 되고
　이상하게도 아버지는 실직되지만 이상하게도 굶어죽지도 않고 이사도 가지 않는다
　이상하게도 사흘 전에 사뒀던 담배 한 보루가 한 갑밖에 남아 있지 않고
　이상하게도 술 먹고 들어온 바지 주머니에 불티나 라이터가 다섯 개나 들어 있다
　이상하게도 백주 대낮에 시 창작 실습 교실에선 교수와 학생 모두가 돌처럼 진지한 표정으로 앉아 있고 이상하게도 누구는 열변을 토하고 이상하게도 누구는 상처를 받고
　이상하게도 나는 한순간 우울에 잠긴다
　이상하게도 선배들은 한 명도 취직하지 못한다
　이상하게도 선배들은 웃으면서 학교에 들르고
　이상하게도 명동역 화장실에서는 입장료 백 원씩을 꼬박꼬박 받는다
　이상하게도 한 여자와 독하게 헤어지고
　이상하게도 한 달도 못 되어 새로운 여자에게 애가 탄다
　이상하게도 술만 마시면 그 여자에게 하나씩 실수를 하고
　이상하게도 누구의 자취방에 혼자 누워 있다
　이상하게도 술이 깬 날이면 그 여자에게 한 걸음도 다가가지 못하고
　이상하게도 그 여자는 전날 밤 내 실수에 대해 한마디도 언급하지 않는다

이상하게도 제대한 친구 놈은 경영학과로 편입하고
이상하게도 단잠에 들고
이상하게도 비명 같은 잠꼬대를 내지르다 제 풀에 놀라 깨난다

이상하게도 내 몸은 그런대로 건강하고
이상하게도 즐거워 죽겠다는 듯이 쏟아지는 햇볕을 바라보며 계단 귀퉁이 같은 데 앉아 있을 때
이상하게도 그것이 지나치도록 충만하고 여유로운 것이어서 누구와도 공유 불가능한 이상한 행복감에 젖는다 한없이
이상하게도 순환하는 거대한 우주에서 삐끗 삐져나오고 때론 일부분을 일그러뜨리기도 하지만
이상하게도 이렇게 또 봄은 온다
이상하게도 저렇게 벚꽃의 우주는 제 복잡한 어둠을 희디흰 환희로 지나치도록 활짝 터뜨린다
이상하게도 견딜만한 희디흰 허탈함 희디흰 단순함으로 터뜨린다.
이상하게도 견딜만하게 이상하게도 견딜만하게
이상하게도 이상하게도

이상하게도 아침만 되면 나는 또다시 태어난다
괜찮다

## 머메이드 숍(MERMAID SHOP) 사내의 비밀

　　— 겉보기만 그렇지, 그는 완전한 인간이 아니다
　　그가 물고기에서 둔갑했다는
　　숨 막히는 비밀은 사실이다
　　'머메이드 숍'을 관리해준다는 약속 하에
　　전임 관리자가 그를 둔갑시켜주었다는 것이다
　　그리하여 지금은, 그냥…… 그저
　　관상어가게 셔터맨

이빨을 닦다 화들짝 뛰쳐나가기도 한다
그의 출근은 일정치 않다
그러나 밤 시간만큼은 머메이드 숍을 경비해야 하므로
대부분 야근을 한다
그는 방과 머메이드 숍만을 오고 간다
그의 방은 언덕 위에 단아하게 있지만
모든 것이 복잡하기만 하다 물에서 풀려난 날엔
다른 모든 것이 시큰거렸다
딱딱함 관절 움직이는 소리 너무 밝은 지상의 방
그러나 그는 다른 인간들처럼
홀로 방에 있을 때 쓸쓸함이란 말을 알지 못한다
언덕 위의 이 방은 온통 머메이드 숍 생각으로 가득 차 있기 때문이다
그는 분명히 기억하고 있다
끝없는 물 어둔 물 환한 물 결국 투명한 물
물에 감싸인 그때
가느다란 뿌리를 지층에 박고 있는 바다식물들 밀려가지

않으며
　물결에 따라 출렁이는 대로 온몸을 유연히
　흔들어대던 식물을 꿈꾸던 그때
　출근길을 한달음에 뛰다 보면
　머릿속이 하얀 가루가 된다
　그는 요즘 도무지 갈피를 잡을 수 없는 것이다
　자주 머리가 아파오고 인간들은 약국을 애용하라 한다
　약국이 그의 방이 있는 건물에 같이 딸려 있다는 것이
　다행이라 한다
　크게 심호흡을 하고 셔터를 올린다
　어둠이 차곡히 쌓였을 뿐인 실내에
　후레쉬가 켜지고 먼지의 입자들이 빛을 발하며 떠다닌다
　눈꺼풀을 치켜올려 각오를 하고서
　열대어 대형 수족관을 향하여 후레쉬를 들이댄다
　적요가 흐르고
　조건반사로, 지독한 경련이 인다
　……오……어……찌……할……까
　무 한 한 우 주 물 고 기 떼 들 무 서 운 고 요 함 헝
크 러 짐
　무엇을 해줘야 할 것인가, 탄식하지만
　바라보는 일뿐
　유리면에 잔물기가 한 방울로 굴러 떨어지고
　문득, 풍덩
　빠지고 싶어진다
　유리너머의……마을

<
그래보고 싶어지기도 한다
숨이 가빠 방으로 돌아오는
머메이드 숍 사내 배반자

## 해골 사나이
―바다에 나가니 발이 저려오고 해골 사나이가 생각난다


1
일광욕을 하다가 울곤 하던 그 사내가
정말 나비가 되었는가
보이지 않는다 통
나비타령만 했었다 차도에 깔린 나비를 주워와
날개를 뜯어내고 몸통만 고이 수집했었다
어여쁜 날개는 어디에 쓰려는 거야
날개의 가루로 눈을 부비면 장님이 된단다
동네사람들은 사내가 궁금해졌는데


2
사내는 염치없게도
어떤 밤 슬그머니 내 꿈속으로 몸을 숨겼다
암실 같은, 낭떠러지 검은 망막에 들어와
꼼지락거리더니 경건하게도
옷을 벗는 것이다
주머니 커다란 오버코트를 벗어던지고
많이도 껴입은 속옷을 꺼풀꺼풀 벗어던지고
알몸이 된 그는 아직 모자란 듯
이번엔 살갗을 벗겨내는 것이다
참 수월히도 한 번에 벗겨지고
허파와 심장과 뇌수를 끄집어내는 것이다
앙상한 해골만 남은 사내는
정갈히 뼈의 물기를 훔쳐내고서
다시, 이제부터가 진짜인 듯 가부좌를 틀고 앉아

뼈를 문지르기 시작하는 것이다

3
혼을 다하여 뼈를 문지른다
딱딱한 돌은 차츰 거칠게 박박 문질러지고
문질러대도 순백으로 반질반질해지기만 한다
묵중한 흑 속에 가녀린 백이 끝까지
털어내듯 뼈를 문지른다
그러다가 마침내……
……천천히 날리는 것이다
세상 하나인 광채를 곱게 날리는 脂粉<sup>지분</sup>
(어디선가 웅장한 음성이 왕왕거리며 취한 듯 절규한다)
여기 이 광채 알갱이들이 낱낱 눈[眼]이니라!

뼈로 보는 사내 빛나는 사내 달린다
눈에 눈 멀어 찬란하게 소멸하는 시간
순간, 순간, 순간, 빤짝, 빤짝, 빤짝

해지는 저 물비늘
삐리삐리찌리릿틱틱쇠 — 저린 발에 피가 돈는다

## 가을 역의 묵상

나와 열차가 만날 위태한 직각인 곳을 바라본다

| ◉ | 열차가 곧 도착합니다 ⇨ |
|---|---|
| | 이번 열차: 가벼운 입맞춤           (6량) |
| | 다음 열차: 벼랑 끝 혹은 뒷모습   (10량) |

가슴을 뚫고 지나갈 명징한 열차를 기다린다

열차는 오지 않았다
나는 헛발을 내디뎌 떨어질 뻔하거나 떨어지거나
허겁지겁 올라오거나 못 올라와 순식간에……
……열차는 왔다
졸고 있을 때 순식간에

벨이 울리고 불이 들어오고
마음을 다잡고 일어서면
약속처럼 무서운 굉음으로 눈앞에 멈출 열차

플랫폼에 시원한 바람이 분다
무엇이든 준비해야겠다
성큼성큼 다가가 헛발이라도 꾹 밟아야겠다
이 철은 늘 이렇다

개집과 이어진
무한히 긴 개목걸이를 달고 있는
개


   개

황혼녘 돌아오고야 마는 개
왜 돌아왔니? — 말 없는 개


   집

나는 집이다
나는 내가 집이라는 것을 안다
새벽엔 안개에 일격을 받는다
그 다음엔 햇빛에 그 다음엔 어둠에

그뿐?
아니면 안개 햇빛 어둠 한데 뒤섞는 마법의 집?
잡히는 것 없는 나는 금방 무너져 먼지 한 톨 안 남을 것이다
마법사 나는 조금씩 아름다워져 담쟁이 싹이 돋을 것이다
나는 개집이다


   무한히 긴 개목걸이

나는 무한히 긴 개목걸이다 무게가 없다
그러나 나는 어디든 따라다닌다
개가 새까만 우주에 혼자 남겨져 있을 때도 나는 거기에

있다
  어쩌다 나를 알아채는 자는 개를 받아주려다 끔찍해한다
  나는 개로 하여금 집으로 다시 돌아올 수 있음을 못 잊게 한다
  개의 기분은 알 턱 없다
  개와 눈이 마주친 적은 한 번도 없다

  이건 비밀인데 나는 개집의 부하가 아니다
  오히려 그를 꺼려한다
  내 소원은 집이 되는 것이다
  움직이는 곳곳이 집이었으면


    다시, 개

  주인 없이 살 수 없는 개
  주인을 떠나 있는 개
  혼자 사는 개

  어디서 왔니? 네 주인을 아니? 개는 말한다 — 멍멍
  묘연한 이곳 어딘 줄 아니? — 멍멍
  아프니? — 멍멍
  제발 한마디만 해봐라 — 멍멍

## 동굴 입구에 서 있기
―스물 무렵의 게임 3


### 소리

　지금껏 서 있던 곳은 동굴 입구 너희가 딱딱한 절벽이라 믿었던 어둠은 어설픈 장막 가벼운 손으로 살짝 제치면 그 뒤엔 동굴이 시작된다 재미있는 것은 동굴은 하나가 아니라는 것 아마 벌집처럼 까마득할 것이다 단 동굴과 동굴 사이의 벽이 완강한지 어떤지는 알 수 없다 호각소리는 이미 울렸다 이제라도 힘차게 출발하여라 무엇을 주저하느냐 시간은 정지하지 않는다 들어가라 들어가면 갈망하던 이름이 비로소 붙여진다 보물상자가 있을지도 모른다 동굴마다 제각기 빛이 반짝일 것이다 반짝임이 무슨 의미냐고? 하하하 들어서면 어차피 그 속에 길들여지는 것 아름다움을 느끼리라 우하하하하하


### 독백

　동굴한테 사육당하라는 말 같아
　장막을 건드리지 않겠어
　끝없이 무력해질 테야
　지상의 맨 처음의 존재로 태어난다면 얼마나 아름다울까?

## 비들

아직 어둠도 이루지 못했구나

추락하고 싶어요 아 빠져들고 싶어요
비 웅덩이에 비가 내린다
비는 비 웅덩이 속 어둔 빗물 덩어리를 향해
수직으로 가늘고 투명하게
떤다
비 웅덩이에 비가 서성인다

때론 비에 비가 서성인다
아픔 주위에 아픔이 서성인다

그들은 두 배로 아파하는 것이다
아프기 때문에 아프고
아픔에 가 닿지 못하므로 아프고
비 하나, 비 둘, 비 셋

## 이중생활
―서울 ↔ 원주 기차간에서

### 1. 서울

해야 할 일 하지 말아야 할 일
꽉 찬
가족이 사는 나의 집이 없었더라면
일찌감치 서울을 버렸어야 옳았다

虛<sup>허</sup>한 욕망의 門<sup>문</sup>은 다색이다
나는 그 門<sup>문</sup>을 정신없이 두드릴 수 있다
― 어쩌다, 믿을 수 없는 정말이지 꿈도 못 꾼
　　다색의, 아리까리한 門<sup>문</sup>을 선사해준다
두드려라 그러면 열릴 것이다
　　눈부신 창녀가 건네준 전화번호여
　　열려라, 제발 좀 받아라, 받아
올라타고 익명으로 내려앉을 수 있는
두드리다, 열려도 입 닦고 안 열려도 입 닦을 수 있는
아무도 모르는 서울
을 버릴까?
말까?
말자. ― 쪽지를 지갑 속에 넣어둔다

나는 주말마다 서울을 아니 올라올 수 없다

2. 원주

　원주엔 국문과 학생 사십 명밖엔 살지 않는다
　구도의 길을 걷는 수도승처럼
　고요한 자취방에서 양서를 읽고 참선인지 몽상인지 내 맘대로 하고
　잠을 자면 언제나
　아슴한 사막에 홀로 서 있는 꿈을 꾼다
　목도 마르지 않아
　심심해하다가 밍밍해하다가
　지쳐 깨난다


　　3. 기차

　서울↔원주 기차가 이렇게 영원히 달리기를 기대한다
　끝내 도착하지 말고
　섬 같은 기차에서 마른 오징어나 씹으며
　희뿌연 차창을 문지르며.

　오, 문지르면 선명히 보이는

## 짐 꾸리기

　　　1
아침이면 새 동네로 이사를 떠난다는데
밤이 깊어서야 급해진다
어디서부터 손을 대야할지 모를 어지러움
　— 언제부터인가, 내 방에 들어설 때면
　　늘 그 막막함에 치떨었다

　　　2
우선, 차근차근
깨끗이 버릴 것들을 곰곰이 따져봐야 한다

그리고선 낡은 사진첩이며
어쭙잖은, 갈 길의 약속이 적힌 일기장,
걸어온 길 뒤돌아볼 수 있게 해줬던
양심이 새겨진 詩集<sup>시집</sup> 몇 권을
상자 안에 차곡차곡 쌓아둬야 한다
우울한 저녁, 환히 밝혀보곤 했던 램프도 잊어선 안 되고

　　　3
문제는 파손 위험이 있는 물건들이다
그 중에서도, 때 아닌 낮잠에 빠져들 듯
한참을 지켜보기만 하던 유리인형들
　— 사춘기 적부터 각양각색의 유리인형을 광적으로
모아들였다
　지난 몇 번의 이사 때

깨져버린 얇은 유리에 얼마나 아파했던가
깨진 채로, 몽유병에 걸린 듯한 고놈들의 눈빛눈빛

이번만은 모조리 깨부수고 가야 한다
두 번 다시 아파하지 않기 위해서
큼직하고 견고한 짐들을 위해서

    4
자, 짐 꾸리기를 시작해야겠다
떠날 때는 미련을 남기지 말아야 한다
아침이면 서울의 극에서 극, 여전히
그 변두리 안으로 이사를 간다

새 집은 창이 넓고도 높았으면 좋겠다
먼 별과 술렁이는 세상 안이 한눈에 비치도록

## 오늘만큼 행복하진 않으리 분수대

정독도서관 앞뜰엔 분수대가 있고
둥근 불빛인 개나리를 보고 있으면 벚꽃이 칭얼대며 후우 날린다
오늘만큼 행복하진 않으리
봄날 수첩에 바람처럼 날려 적는다
바람이 입 속으로 들어올 때
내가 뭐 마개를 열어놓은 담근 술병인감?
술병은 깊은 숨을 들이쉬고 내뱉을 땐, 큰 한숨인 것을
조심스럽게 나눠 내쉰다
옆자리 여학생이 머리칼을 뒤채일 때도 그랬었다
나무가 풀밭이 정문 앞의 큼지막한 거울이 죄다
아름답고 거대한 한숨소리를 쌔근대고 있는 걸까
그렇다면 쓰지 않아도 詩는 귀엽게 살고 있는 걸까
술은 익어가는 걸까
엎드려서 애인에게 詩를 불러주고 싶어지는 정오녘
의 술병

## 나의 꿈은 원양어선

나의 꿈은 원양어선

하얗게 출항하는 것
아는 이들에게 아주 짤막하게 엽서를 띄우고
웃통을 벗어던진 사내들 따라 탄탄한 배를 타는 것
말간 허벅지가 신성한 팔뚝들에게
욕을 퍼먹고 거칠게 단죄를 당하기도 하겠지
즐거워라 희번덕한 생선이 만선을 이뤄
축배를 올리면 키득키득거릴 거야
폭풍우가 지나고
돛대도 부러지고 다들 술에 취해 쓰러질 때
몇몇은 멱살을 잡고 나는 입술에 피가 터진 채
조그만 불빛에 엎드려 낮은 노래를 지어 부를 거야 끌끌
거대한 아침 우주가 텅 빈 채 떠오르고
地上<sup>지상</sup>의 여자들이 그리워
나의 눈물이 무겁게 뿌려져
그 바다를 눈에 담으며
매일같이…… 닦아낼 거야
눈물바다 바다눈물로 닦아낼 거야

나의 꿈은 바다의 원양어선

## 햇빛

一群[일군]의 햇빛이 그의 눈썹에 와 닿는다
햇빛은 순간 일제히 눈을 꾹 감고 그의 눈이 닫혔다
햇빛은 아주 잠시 점멸하다가 금방 새로운 햇빛이 몰려와
햇빛의 무덤 위에 와 닿는다 닿을 때마다
눈을 감고 차례차례 그런 식으로 죽어간다

그는 꿈을 사방으로 피워댔었다
담배연기는 균열 진 담벼락에 스미고
대지에 스며 그가 키울 묘목의 여린 뿌리를 감싸 안았다

나도 한때 눈을 깜빡이는 버릇이 있었다
햇빛을 가만히 보면 그 안에 살이 있었다
살이 감옥을 만들어 햇빛과 함께 투신하는 화사한 축복을
얽어매었다

햇빛에 나와 아름다운 추억에 잠길 때
한 줌의 햇빛에 내포된 온갖 감옥들은
자결하듯 추락하여
그의 눈을 닫아버리고
또 열어버린다

## 할멈과 지낸 겨울 오두막


할멈은 골칫덩이였습니다. 내가 땔감을 구해와 불을 지피고 그 위에 정신없이 뭔가를 굽고 있을 때 할멈은 뜨개질도 하지 않고서 삐걱대는 의자에 가만히 앉아 있었습니다. 이상하게도 그 겨울 오두막에서 할멈의 정면 얼굴은 본 적이 없었더랬습니다. 아니면 내가 보려고 하지 않았던 건지, 봤는데 전혀 기억나지 않는 건지. 할멈은 창가에서 하얗게 세어버린 뒷모습을 하고선 작은 잿빛 고양이를 쓰다듬기만 했습니다. 오두막은 지나치도록 넓고 휑했고 가구는 지나치도록 단출했습니다. 나는 춥기도 했고, 그 어색한 공간들을 채우려고 뭔가를 열심히 구웠던 것 같습니다. 아기자기한 장식품이 구워지기도 하고 거대하고 무슨 형체인지 모를 것이 구워지기도 했지만 대부분은 다 구워지기 전에 뭉그러지거나 한꺼번에 얇고 날카로운 한 줌의 조각으로 깨져버렸습니다. "자꾸 뭘 그렇게 만드니? 쉽게 만들어지는 건 아무것도 아니란다. 아무것도 아닌 게 무엇이 되는 법이란다. 가장 늦게 더 늦게 만들렴. 실하고 정말 귀한 것을 만들어내고 싶지 않니?" 할멈은 나직나직 얘기했지만 나는 못들은 척하고 불을 더 활활 지폈습니다. 작은 잿빛 고양이는 겨울이 다 가도록 조금도 자라지 않았습니다. 발톱도 이빨도 툭툭 부러졌습니다. 고양이는 그런 자기가 못마땅했던지 새순이 한껏 움틀 태세를 하고 있는 숲속으로 도망을 쳤습니다. 할멈은 뜨개질한 털옷들을 일일이 풀고는 했고 나는 틈만 나면 맨손체조를 했습니다. 할멈은 의자에서 똑같은 모습으로 졸다가 깨다가 했습니다. 그러다가 문득 봄이 찾아왔을 때, 갑자기 녹아서 콸콸 흐르는 물을 나는 길으러 가야 했습니다. 오래 닫혀 있던 문을 여는데 할멈이 뒤에서 불러 세웠습니다. 가느다랗게 뜬 할멈의 눈이 경련을 일으켰습니다. "애야, 억지로 얼음을 깨지 말거라. 얼마나 오래 흘러 겨우 언 것들인데." 그리곤 할멈의 몸이 쑥 의자에서 흘러 바닥으로 미끄러졌습니다. 그때 할멈의 얼굴을 정면으로 보게 됐는데, 그 얼굴은 섬뜩하게도 해사한 소녀였습니다. 할멈은 그 겨울 오두막에서 그렇게 죽었습니다. 하나도 늙지도 않고 하나도 안 아프게 아무것도 아닌 채로 다른 세계로 미끄러져 가버렸습니다. 나는 그 겨울 오두막을 성급하게 떠났습니다. 그리고 성급하게 어른이 되어버렸습니다. 잔잔한 연못 같았던 할멈은 어떤 더위에도 녹지 않고 또 한없이 맑은 얼음이 되고 싶어 했을까요? 아니면 얼음이 되기 싫어했을까요? 어쨌든 할멈은 아직은 얼음이 되지 않았을 것만 같습니다.

## 한때 엉켜 있었으나 이제는 맑아진 침묵

　　　1
어디서부턴가 오랫동안 굴러내려온 돌멩이가
꺾여 떨어진 나뭇가지에 걸려 툭
멈춘다 바로 다음 순간 관성의 힘에 도움을 받아
돌멩이는 희미하고 기묘한 울림을 길게 내뿜는다
숨차게 굴러오면서 묻어난 흙을 털어내듯이
깊은 속 금간 틈의 얇은 공기를 다 뱉어내듯이
그러나 그 울림은 소리가 아니어서
산새 몇 마리만이 알아들을 뿐이다
통통하고 말랑한 몸에 겨우 그 울림이 와 닿으면
목울대를 부르르 떤다

　　　2
새벽 두시 스산한 주택가 골목을 걷던 한 사내가
엎어진다 천천히
천천히 엎어지는 폼으로 봐서
충동적 자기모멸이나 발작적 간경화와는 무관하다
그는 오래 살았고 충분히 숙고했을 것이다
그리고 마침내 번개 같은 계시가 내려왔다는 듯이
포물선을 길게 그리며 엎어진다 툭
움켜잡았던 손에서 무언가가 떨어진다
몇 안 되는 불 켜진 창마저 다 꺼져가고 있을 때
꺼져 있던 한 개의 창에 불이 켜진다
이유 없이 깨어난 여자는 어리둥절하다
그녀는 자신이 맑아진 침묵의 울림을 들었다는 걸 알지
못하는 것이다

## 서늘한 바람 詩<sup>시</sup>

몸 한 컨에 서늘한 바람을 넣자? 이건 맞지 않다
서늘한 바람을 막지 말자 통과하게 하고 우리도
한 줄기 서늘한 바람이 되어…… 이것도 아니다
머릿속의 대부분을 서늘한 바람이 관장케하여 주소서
가슴에 감정이 아닌 感<sup>감</sup>으로 쌓여진 진실한 열기가 있다면
더 진실한 것이 되도록
불을 활활 지피지 마시고 서늘한 바람을
손끝에도 서늘한 바람을 성기에도 서늘한 바람을
아아 이것이 아니라 서늘한 바람이 오장육부를
뱅뱅 돌게 쫙쫙 훑고 다니게
이게 아닙니다 다시 한번 해보겠나이다
서늘한 바람이 사바세계노아의방주개미의똥구멍 다 지나
그냥 그냥 지나게 그냥 그냥 그것이 그것 되어
나의 발꿈치 밑에 서늘한 바람들 쐑쐑거려서
일순 공중부양! 일순 일순 일순 내 몸이 있으면서 없는
서늘한 바람 한 줄기 되어 아무렇지도 않게
에라, 내키는 대로 말해서
서늘한 바람이여 이제 들어오소서
겸손함으로, 내가 네가 될 수 있음을 삶과 죽음이 무한한
가면을 벗을 수 있음을 잘 아나이다
거대한 유리병 속이 가열되고 있습니다 엉키고
눌어붙었습니다
서늘하게, 한번, 훅 불어주소서
작은 사내들이 그에 마땅한 행성으로 동동 떠서 흘러다니게
우주가 자라나게

아아아아 이게 아니고
아아아아 이것이 맞고 이것이 아니고 휙—

## 생일에 부쳐


우리가 밤낮 이빨을 닦는 것은
한 번쯤 치통으로 지독하게 아파봤기 때문
우리가 밤낮 지갑을 만지작거리는 것은
한 번쯤 지갑을 잃고 지독하게 억울해봤기 때문
우리가 밤낮 잠을 자는 것은
한 번쯤 불면증으로 지독하게 뒤척여봤기 때문
우리가 밤낮 먹어대는 것은
한 번쯤 배고픔으로 지독하게 허기져봤기 때문
그러나 우리가 밤낮 또 배고픈 것은
한 번쯤 너무 배불리 먹어봤기 때문
우리가 밤낮 수음하는 것은 그리고 또 수음하는 것은
한 번쯤 지독하게 답답했고 또 한 번쯤 너무 화끈했기 때문
이렇게 자꾸만 생각생각하는 것은
몰라, 이렇기도 하고 또 연달아 저렇기도 하기 때문
우리가 이렇게 살아 있는 것은?

지독하게 많이 죽어버렸기 때문일 거야
또한 당연히, 너무 환하게 태어났기 때문일 거야

## 롹커가 되지 못한 아이들
─열아홉 혜화동 2


그 애들을 볼 때마다
롹커가 되었어야 옳았다고 생각한다
찢어 올라가는 高音<sup>고음</sup>에 마음 안 풍성한 음악을
살짝 그었어야 했다고 생각한다
그 친구들을 볼 때마다 때론
당구장 뒷골목 담뱃불이 멋지게 보인다 롹처럼
무한 증폭되는 어설픈 젊음 한때가
애드립 연주로 뿜어진다
너를 볼 때마다
롹의 王<sup>왕</sup>, 리치블랙모어존보냄프래드머큐리가 내통하면
광개토대왕근초고왕진흥왕의 환상의 합작처럼
세계를 제패할 거라는 삼총사의 그림이 떠오른다
나는 갑갑한 새벽마다
술병을 깬다 롹커도 아니고
할렘의 랩퍼도 될 수 없는
콧대들이씨가들이알약들이포르노들이고성방가들이500CC들이눈빛들이
 집으로 돌아가고 있다

## 반딧불 이야기

숲은 매미의 소리로 흔들렸네
숲엔 벙어리벌레가 살고 있었네
분주히 날아다녔지만
작고 까만 벙어리벌레는 혼자였네
태양이 가까워올수록 한 나무에 지긋이 붙어 매미는
숲을 더 넓게 흔들어댔고
벙어리벌레는 그런 매미를 한참 바라보다가
그만 사랑에 빠지고 말았네
사랑에 빠지고 말아
텅 빈 것들은 부풀고 일렁이고
벙어리벌레는 소리 지르고 싶었네
벙어리벌레는 숲을 휘돌며 이백 년을 날아다녔네
온 숲을 껴안을 것 같아 황혼녘
텅 빈 것들은 소리로 충만하여 부풀고 일렁이고 부풀고
일렁였지만
벙어리벌레는 목소리를 갖고 있지 않았네
벙어리벌레는 삼백 년을 더 날아다니고
사백 년을 또 날아다녔네 벙어리벌레는
죽도록 사랑하므로
정말로 죽고 싶어졌네 모든 것이 터질 듯했네
밤에, 모든 것이 정말로 터져버렸네
터지면서
몸속에서, 빛이, 불뚝불뚝 솟아올랐네
온몸이 환하고 둥글게 파란불이 되었네
벙어리벌레는 감춰진 허리를 곧추세웠네

매미는, 보이는지 안 보이는지
맴맴

## 무제

……………………내 이름은 거품 속 진공…
………………거품이 터지는 순간………내
이름은 터지는 거품 속 진공………거품이
터졌다………숱한 종류의 바람들 지난다
…………영원한 침묵에 빠져드는 진공…

지금 그 진공 어딨지요?

지금 나에게는
말조차도 장난감입니다
몸조차도 장난감입니다


그래도 내가 가장 끔찍해하는 건
내 일기장이 불타버리는 것
내 방이 폭풍우에 날아가버리는 것

그래서 내가 가장 노력하는 건
지우는 것, 지움으로써 열리는 것
태어남마저 사소한 웃음이 되는 것

〈저곳의 나는 이곳의 내가 아니며 이곳의 나는 저곳의 내가 아니다
어제의 내가 오늘의 나는 아니며 오늘의 나는 내일의 내가 될 수 없다〉

그리하여
죽음마저 장난감이 되는 것입니다

## 스위트홈

    집 앞에 마른 나무가 삐쭉 자라 있다 참 오랜만에 식구가 식탁에 마주 앉는다 참았던 묵은 술을 아버지가 따르신다 진작 썩어서 우러날 것 없는 술이 다 살았다고 내 앞에 차분하게 건네진다 허허 물방울이 그려진 식탁보를 새로 깔고서 어머니는 만족해하신다 유리그릇에 세 식구가 스친다 왔다갔다 합쳐졌다 다시 분열한다 비그덕 전화가 와 어머니가 팔을 뻗치고 물방울이 굴러 떨어져 내 발등에 부딪는다 나는 목을 끄윽 누른다 비그덕거리는 식탁 소리는 고쳐지지 않았나보다 팔꿈치에 힘을 주고 허허히, 쭉 ―

## 목욕탕

오늘은 일요일 목욕 가는 날
엄마랑 나랑 발가벗고
목욕탕에 들어갔네
나비반 여자애 민희 바가지를 들고 방긋거리고
참기름집 할머니 쑥탕에 들어가며 손짓하시네

뜨거운 물에 가슴을 담그니
너무 더운데
엄마는 천장의 물방울 다 세고서
나오라고 하네

열 하나 열 둘 열 셋……
아휴 못 참겠다
막 나오려는데
뿌연 목욕탕에 누가 울 엄마인지 모르겠네

어! 엄마 여기 있었네!
엄마 목을 꼭 껴안았는데
피식 웃으며 고개를 돌리는 건 민희 엄마 얼굴
엄마들 등허리는 왜 모두 똑같이 생긴 거야?

## 비 그친 잠시

하늘을 다 털어낸 듯이 약했던 비가 딱 멈춘다
미리 우산을 접었던 행인들의 발걸음이 한층 한가해진다
욕망은 조금 힘을 잃을 뿐 결코 병들지는 않는다
그렇다고 해가 얼굴을 내밀지는 않고
이 느릿느릿한 불안함이 하나의 풍경으로 남는다

꾸물꾸물 개미가 기어 나온다
행인들은 평평하게 흘러가지만
개미에게 보도블록의 지표면은 깊고도 높은 굴곡들이다
축축한 모래들이 개미를 적시지 못한다
그 누구의 풍경에서도 개미는 제외된다

말라가는 한때가 풍경을 남기지만
멈춘 비에 대해서 깨끗이 풀려난 건
개미뿐이다

### 텅텅 가벼웠던 어떤 꿈 얘기


절그럭 절그럭 추억의 양이 많아 무거운
몸을 이끌고 동산에 올라
몸의 어딘가에 있는 뚜껑을 열고
절그럭대는 모든 것을 부어내었다
그것들은 구름이 되어 올라가기도 하고
공기의 알갱이들을 감으며 녹아들기도 했다
나는 속이 텅 비어 아무것도 아닌 것이 되었고
그러자 세상이 온통 내 것, 아니 나
아니 다 세상이 되었다
동산에서 내려다보이는 미로의 골목길 그 가지 않던 시간이
다 내가 되어 세상으로 흘렀다
나는 마치 산모가 된 듯한 기분으로 온몸을 축 풀어서
길게 드러누웠다 한껏
그러자 도대체 내가 누구인지 어디에 있는지 알 수 없었다
그러고 있는데 저기 나무둥치에서
뱀 한 마리가 나타났다
섬뜩 빛나는 이빨을 갖고 있었다
살며시 다가오더니 다리를 깊게 찔렀다 반짝
그리고 사라졌다
뱀은 나에게 잃어버린 살갗의 아픔을 되찾아주었다
그리고 사라졌다
이제 나는 명주실보다 가느다란 어떠한 바람 한 줄에도
반응할 줄 알게 된 것이다
 (어떤 바람들은 내가 반응하기 전에 나를 통과해
지나가기도 하지만)
  나는 성능 좋은 감각의 기계가 되었다

### 그리고 가끔씩만 교신하고 싶다

영혼의 껍질이 퍽퍽 깨지는 소리가 들리더니
영혼의 가장 깊은 알갱이들이 들썩거릴 만큼
경쾌해졌다 네가 떠나간 후부터
날아갈 수 있을 것만 같다
아직 나는 날아가지 못한다
그 깊은 알갱이들과 함께 육중한 무게로
살짝 떠다니고 싶어진다

너는 누구일까?
어디로 떠나버린 걸까 혹시
내 속 알갱이의 일부로써 녹아든 것은 아닐까 만일 그렇다면
나는 껍질의 남겨진 脂粉(지분)까지 끊임없이 떨궈내면서
즐거워하며, 온몸으로 밀고 나가는, 움직이는 자의
이름으로,
  지상을 살짝 버릴 수 있을 것 같구나
  정말 그러하다면
  가장 가까운 하늘에다 나의 감옥을 짓겠다
  문을 잠그고서 살점을 갈라 죄다 풀어놓으면
  각양각색의, 무한 증식되어 감옥을 가득 채우는,
  우여곡절 많은 오 아름다운 알갱이들
  그들과 놀면서 나는 진정으로 행복할 수 있다

그리고
너라는 추억, 혹은 빗나가 살고 있는 다른 시간의 너와
가끔씩만 교신하고 싶다

## 나는야 사랑의 고무줄
―푸코를 읽다가 불현듯 떠오른 사유의 방법

지하의 문을 하나씩 열며 한 여자는 빠져들고 그럴수록
하늘의 문을 하나씩 열며 한 남자는 벗어난다
그들의 발목은 고무줄로 연결되어 있다
나 고무줄은 넓어진다 끝없이
팽팽해질수록 가랑이 찢어지면서
즐겁게 나달나달해진다 그저
가늘고 길다랗게!

바람을 맡으면 기분이 상쾌해진다
(늘 머리의 한 켠에 바람을 넣어야지)
그러나 가장 경계해야 하는 것이 또한 바람이다
바람은 연륜을 갖고 있다 연륜이 싫증을 만들고
내가 맥없이 늘어진다면 또한
한 여자와 한 남자가 움직이지 않는다면
줄을 끊어버리기라도 한다면
끝이다!

## 음악도흐르지않는이어폰을귀에꽂고거리에서 詩<sup>시</sup>를쓰는워크맨

充電<sup>충전</sup>이 덜 되어
아무래도 도중에 끊길 것 같아
아예 OFF를 눌러버린다
인사동을 지나 덕성여고와 덕성여중 사이의 돌담길을 지나
한참 지난 연못에서 다리를 꼬고 앉아 다시 ON을 누를
것이다
종로3가 행인 중 낯이 익은 몇은
눈길을 보내고 부르려다 만다
나는 무심히 룰루랄라휘이휘이 휘파람을 불곤 한다
애인에게 들킨 일이 있다
눌려진 OFF를 본 것이다
나는 사무치는 기다림과 애절한 불안의 순간을 즐기고
있었노라 핑계를 댔다
너의 이어폰이 될 수 없겠니 순정한 애인은 고백의 눈물을
반짝인다
나는 지금 空<sup>공</sup>의 世界<sup>세계</sup>에 심취해 있단다
너스레였지만 아무려면 어떠랴
행인들은 나의 몽롱한 눈빛을 보고
나는 음악을 기다린다
져버릴 수 없다, 왜냐하면
음악은 죽지 않으니까
물방울은 길을 흐르고 저 먼 곳에서 充電池<sup>충전지</sup>는
뜨겁게 달궈지리라
음악이 나도 모르게 망망한 바다로 흘러간다면
돛대도 아니 달고 나는 바다를 쫓을 수 없으리

길을 걸을 수 없으리라 바야흐로
　　한 세상 한 몸에 녹아들 듯, 온전히 달궈져
　　음악 속에 애인이 들어온다면 꼬불꼬불 연못을 우연히
찾아든다면
　　　오후의 노곤한 수면에 졸음을 드리우고 있는
　　이어폰을 슬며시 잡아당기며 애,
　　툭 건드린다면
　　나는 기꺼이 애인의 속삭임에 귀를 맡기겠네
　　다른 귀에선 끝없는 음악이 흐를 테고
　　비밀을 바닥까지 털어놓은 애인이 지쳤을 때
　　똑같이 지쳐 있을 버려진 음악 한쪽을 애인의
　　가슴에 꽂아주겠네
　　침묵이 건널 수 없는 深淵$^{심연}$을 만들고, 다행히
　　음악이 있어 江$^{강}$을 흐를지니

　　음악이 흐르건 말건, AUTOREVERSE를 누른다 아홉 번은
돌렸을 거다 내일은 테잎 가게에 들러야겠다 그리고 애인의 텅
빈 사무실에 찾아가야겠다

## 황금빛의 맥주캔

『고통의 祝祭축제』를 다 해치우고서 황금빛의 맥주캔
카프리를 검은 책상 위에 올려놓고 있으니 책상이 축제가
된다 맥주로써 살아난다 친구 최 군은『카프리의 깊은 밤』을
보며 수음을 했다 하였다 그것이 더없는 비극이라 하였다
친구 김 군은 맥주를 보면 서부의 무법자 미국이 떠오른다
하였다 그래서 콜라와 맥주를 마시지 않는 김 군은 요즘에도
집에 들어오지 않는다 나는 일 년 전 군대에서 신문을 보다가
전면광고로 카프리를 알게 되었다 희고 커다란 거품이 천천히
부서져내리며 갈매기 되어 바다 멀리로 날아가고 있었다
마침내 보일락 말락 흰 점 하나로 휘발되고 있었다 너무
마시고 싶어 눈물을 흘렸다 눈물을 맥주처럼 핥아냈었다 나는
황금빛의 맥주캔 카프리를 보고 있으면 참 상쾌해진다 우리의
청춘, 시대와 세대가 가벼야웁게 날아가버린다

    갈매기가 되리오 부서질 때까지
    (오! 나를 부수어주오)

그곳에서 祝祭축제를 벌일 수 있다면

## 기타 치는 詩<sup>시</sup>

제대로 한마디 발음하려면
사귀어야 할 것들이 많아요
헤맴의 어둠, 그 아득한 깊이를 먼저 사귀어야 할까봐요

내 손으로 기타를 하나 만들어야겠어요
나무를 둥글게 자르고, 대패질도 하고
검고 깊숙한 그 울림의 벽, 빛나게 해야죠
헤매던, 그러나 또박또박 적힌 주소, 그 길을 이어서
빽빽이 수십 개의 줄을 맞춰 달면
오, 한 노래는 연주될 수 있겠죠
나무는 썩어도 음표는 둥둥 길 밖으로 둥둥
부릅뜨고 쳐대야 해요 언젠간
한 곡 걸쭉히 불러재끼듯 가두에서 기타를 쳐대며,
뛰어대며, 발광해야 해요

아직, 비벼대야 할 둔탁함들
사귀어야 할 것들이 무성해요

## 공놀이
―고무공, 테니스공, 비치볼, 풍선
　배구공, 축구공에 대하여


　엄마 심심해라고 말했다 해질녘 골목길 공은 노부부의
담장으로 넘어가고 그때부터 잠깐 심심해지는 것이다 동이
터오면 골목으로 뛰쳐나가고 우린 다시 많은 공놀이 중 하나를
고르는 것이다. 하루들에 언제나 가득 차 있던 때론 부풀어
오르던 둥근 공이여. 오줌이 젖어도 바지가 몰랐던……

　담배연기가 자욱하다 담배만큼 제 값하는 것 찾지 못하는
젊은 날
　심심해라고 말하지도 못하면서
　나는 왜 공놀이를 안 하는 것일까
　첫눈이 창밖에 소금처럼 그득하고
　그 환희처럼 공을 튕기지 못하는 것일까


　공은 어차피 空$^{공}$인 것이다 안이 텅 비어 있기 마련이다
　밖　은　꽉　차　있　었　다


　애들아, 공 차자

## 환멸이다

   카프카는 城<sup>성</sup>에 안치됐다
   장례식에 모인 일단의 사람들이 거의 한 세기가 다 가도록 시신 주위에 모여 웅성거린다
   城<sup>성</sup>의 출입은 그들 누구에게도 어렵지 않았다
   어떤 검은 양복은 소파에 앉아 대통령 취임식을 관람한다
   어떤 청바지는 흘러간 뽕짝을 틀어놓고 소설을 구상중이다
   어떤 앞치마는 건더기 없이 다시다로 국물 맛을 우려내고 있다

   자네 말야, 아직도 그를 불행한 천재라고 생각하나?
   그는 카프카라는 城<sup>성</sup>이 돼버렸네

   바다 역시 거대한 감옥이라면, 물고기들은 각각 다 성이라네

   〈율법〉도 그 테두리 밖도 城<sup>성</sup>
   〈사랑〉도 그 테두리 밖도 城<sup>성</sup>
   〈저 城<sup>성</sup>〉도 그 테두리 밖도 城<sup>성</sup>

   카프카는 이제 너무 더럽혀졌다고 생각지 않나?
   카프카가 아닌 자가 없는 걸 뭘
   그러나 또한 카프카는 아무도 없네
   그러나 또한 城<sup>성</sup>은 하나도 없네

   일단의 카프카들이 한 세기만에 집을 나선다
   한 세기 동안 그들의 옷은 성벽이 되었다

이제부턴 자기 자신을 참배하면 되는 것이다
저 시신은 어떻게 한다지?
그냥 두고 가세 어차피
모두가 쉽게 통과하지만 누구도 주인은 아닌 城<sup>성</sup>이라네

## 어느 오후 네시 반

잠시 잠잠해졌던 비바람이 다시 몰아치기 시작한다.
이틀째 홍수로 집밖을 못 나가고 있는 오후 네시 반이다.
하늘은 천둥번개와 함께 짙은 회색빛을 광포하게 내뿜는다.
아구가 안 맞는 창틈으로 빗방울이 튀어들어온다.

옆에서 고양이가 길게 울어댄다.
시계 초침 소리가 쟉각쟉각 부풀어 오른다.
거미 두 마리가 책상 위를 느릿느릿 지나간다.

반드시 써져야 할 무엇인가가 치밀어 오른다.
하얀 A4용지를 책상 위에 올려놓는다.
볼펜으로 거미 두 마리를 꾹꾹 눌러 죽인다.
시계를 열어 건전지를 뺀다.
고양이를 욕실에 가둔다.

그리고서 물끄러미 내려다본다. 직사각형 종이의 하얀 빛을.
무엇이었을까. 방금 전 내가 쓰고자 했던 그 강렬했던 것은.
그러는 사이 비가 잠잠해지고 하늘이 밝아진다.

   나는 고양이를 왜 가두었을까. 고양이가 내 발목을
물어뜯기라도 했을까.
   나는 시계를 왜 꺼두었을까. 초침 소리가 내 귀를 멀게라도
했을까.
   나는 거미를 왜 죽였을까. 거미가 내 방 가득 거미줄이라도
쳤을까.

<

그저 잔잔한 어떤 혼돈스러움이
내가 시를 쓰기에 딱 좋을 만큼 출렁이고 있지 않았을까.
그들을 계속 놓아두었다면, 그 속에서 무엇인가를 썼다면,
비바람도 멈추지 않았을 것이다.

다시 시계에 건전지를 끼운다.
다시 욕실 문을 열어 고양이를 불러낸다.

그러나 짓이겨진 두 마리 거미는 다시 살려낼 수 없다.
무엇보다 창밖이 조용해졌다. 사람들 소리가 들린다.

나의 잘못이다.
나는 종이를 구겨버린다.

## 문짝들이 달린다

이웃집 친구가 나에게 시내로 밤 산책을 나가자고 하였다
나는 그의 문을 열고 시내로 나갔다
케밥집 문, 케밥집 주인 문, 얼굴들 문, 찬바람 문, 거리 문,
냉랭한 하늘 문, 닫힌 상점들의 문, 아기자기한 선물들의 문.
문들이 사방팔방으로 달리고 있었다
어떤 문을 열고 나가도 거기엔 또 다른 문들뿐이었다
스산한 거리였다 문들은 얄팍한 유혹일 뿐
그 뒤에는 찬 공기만 휑휑 지날 뿐
문 속의 문 속으로만 걷는 일은 재미가 없다
친구를 열고 내 방으로 다시 들어왔다
나는 內部내부 없는 문짝들의 소란 속에 갇혀버렸다

# K 씨

미미한 전류에도 그는 꽤 오래 감전된다

눈을 뭉치듯 제 몸을 꽁꽁 뭉치고 다져
쪼그만 공 좁쌀 만한 공 먼지톨 만한 공으로 만들어
누렇게 바랜 벽지의 얇은 균열 같은 데를
들어갔다 나온다

그는 식탁에 웅크려 채소를 천천히 씹는다
벽 뒤에 무엇이 있었느냐고
나는 묻지 않는다

바싹 마르고 선이 아주 가늘고 투명하달만큼 창백하고 무감각한
膜막을 하나 싼 것 같은
그의 얼굴은 한밤에
미치광이들처럼 빛나는 별밭을 바라볼 때
약간, 경련을 일으킨다
膜막 뒤에 자우룩한 개미떼들 같은 무엇이 들썩인다고 생각한다면
착각이다 膜막을 살짝 들춰내면 그 뒤에
아무것도 없다는 걸 나는 잘 안다

미미한 전류에도 그는 꽤 오래 감전된다
그러므로 사뭇 억센 전류가 닥칠 때
좋은 수들을 그는 많이 알고 있다

## 냉장고에 갇힌 사나이

뛰쳐나온 나그네 좀 일찍 일어나 신선한 하루가 놓여 하루를 쪼개고 재단하기도 했으나 가끔 멍하니 공허한 대기를 응시하며 하루를 온통 하얗게 남겨두기도 하는 나그네 머물 곳 찾아 길 끝으로 길 끝으로 치닫다 막바지에서 냉장고 하나를 만나네 냉장고 문을 열고 들어가네 난 인생을 탕진하고 싶지 않아 문을 닫으니 냉장고에 갇히네 냉장고에 얼음의 여인이 웅크리고 있네 여인의 무르팍에 자꾸 나그네의 이마가 부딪치네 당신에게 죽고 싶소 여인은 진한 키스를 퍼붓네 여인은 나그네의 목덜미를 애무하다가 흡혈귀의 어금니를 드러내며 나그네의 살갗에 깊숙이 박아 넣네 나그네도 여인의 목을 물어뜯네 오 차가운 피 흐르고 나그네 행복하게 죽어가며 얼어 가는데 여인이 키득거리며 바보나그네여 여긴 길의 끝이 아니야 허연 대기 위에 떠 있는 이상한 냉장고일 뿐 가장 악하고 으스스하게 배반당하는 나그네

## 외로움에 의연해야지

　민이는 철이와 나란히 앉아 지난 밤 꿈 얘기를 재잘대길 좋아한다
　꿈 얘기 듣기를 좋아하는 철이는
　어설프게 읽은 프로이트와 융을 대충 버무려서 어쭙잖게 꿈을 해몽해준다
　철이는 신이 난다 민이는 달콤할 거야
　들어갈 수 있어, 너와 나는, 질편하게 각자의 영혼을 교합시켜, 줄줄 녹이는 거야
　그러나 번번이 서로의 꿈은 맞아떨어지지 않는다

　그러나 번번이 서로의 꿈은 맞아떨어지지 않는다
　민이는 갸우뚱할 뿐이지만
　그 갸우뚱의 포물선 길이가 사랑과 믿음과 소망의 임계선을 넘어버려
　만사를 깨뜨려버린다

　깨진 이쪽의 철이는
　깨진 저쪽의 민이의 꿈속에 고정 출연하는 또 하나의 철이에게
　그러니까 플러스 철이는 마이너스 철이에게
　가상의 철이에게 진짜 숲<sup>집</sup>강철은
　돌진하고 싶어진다 새끼 패 죽여
　들어가고 싶어 민이 속으로 내가 죽여줄게 들어갈 수 있어

　들어갈 수 있어 들어갈 수 있어

그리하여 막무가내로 민이의 속으로 들어간
플러스 철이는 마이너스 철이와 한판 대격돌을 벌이려 하는데
대격돌이랄 것도 없이 들어서자마자 핏발이 눈알을 튀겨대는 플러스 철이가
냅다 찍고 후리고 날려
마이너스 철이를 다운시키는 지경에 이르는데
쓰러진 마이너스 철이가 피를 질질 흘리면서 키득키득 실실대면서
병신 네가 플러스냐?
네가? 네가? 네가?

네.가.여.기.가.어.딘.줄.아.느.냐.
흐려진 철이가 비틀비틀댄다
여.기.가.어.디.냐.
민.이.의.꿈.속.
아.니.냐?
민.이.는.지.워.졌.다.
민.이.의.꿈.바.깥.
아.니.냐?

아.니.냐?
민이는 또한 누구의 꿈이냐
민이는 누구의 마이너스냐 누구의 플러스냐
내 바깥에 누가 있느냐

말하자면 이런 것이다
　　철이는 나 룡이의 꿈속에서만 존재한다
　　나 룡이는 바로 지금 이 순간
일천구백구십팔년유월십일영시오분의
　　이 詩<sup>시</sup> 속에서만
　　민이와 철이의 꿈속에서만 존재하는 룡이는
　　이 꿈을 어떻게든 매듭짓고 깨어나야 한다
　　우리, 진솔해지자, 외로움에 의연해야지
　　나머지는 정말 룡이도 몰라

## 내가 그린 기린 그림

내가
그린
기린
그림
그러니까, 〈내가 그린 기린 그림〉을 여자에게 보여준 적이 있어요
感각과 같이, 오래된 책이 잠시 나풀대는 순간처럼
나풀나풀 깊은 가닥을 잡고 빨려들어갔지요
나는 기린 목을 잡고 으랴으랴
여자는 내 목을 잡고 까르르륵
그랬을까요? 기린과 나와 여자가
풀밭에 둘러앉아 도시락을 까먹었을까요?

아직도 번개 앞에 숨죽이는 촛불이 있습니다
촛불? 좋아하네. 죽었다네. 촛불은.
촛불을 믿지 못한 아이는 기린을 끌고 印度인도로 갔습니다
고행 끝에 실종됐다는 소문. 기린은 멀리멀리 줄행랑쳤다는 소문.

내가 기린 그림을 정말 그렸던 것일까요?
거짓말일까요?
내가
그린
기린
그림

서툰 발음을 교정해서 네 마디의 어절을 완성했을 뿐일지도, 그것도 아닐지도
 소문. 소문. 소문. 기린 패거리가 색안경을 쓰고 여자를 윤간했다는 소문.
 여자를 회쳐먹고 낄낄대면서 미아리 고개를 넘어 이차를 갔다는 소문.
 소문을 들으며 촛불의 심지를 말려가고 있을 때
 히뜩히뜩 여자의 목소리가 메아리쳐요
 똑바로 해봐요. 그 말만 들으면 돼요. 뭐라고 했었지요?
 내가, 기린, 그림, 그린, ······아······

# 변신

 어느 날 아침 그레고르 잠자가 뒤숭숭한 꿈에서 깨어났을 때 자신이 한 마리의 쬐그만 갑충으로 변해 창문 방충망의 좁쌀 만한 사각에 찡겨 있는 것을 발견했다. 아니, 두 눈으로 발견했다기 보다 온몸에 파고드는 아픔으로 자신이 처해 있는 모든 급박한 상황을 단번에 알아차렸다. 빼도 박도 못하게 너무 꽉 조여 있었던 것이다.

 천둥번개를 동반한 성난 세기말의 폭우가 내리치고 있었고
 옴짝달싹 할 수 없게 된 잠자는 놀란 가슴으로 사력을 다해 버둥거렸다
 버둥거릴수록 더 숨이 막혀왔고 다리 몇 개가 부스러기처럼 떨어져내렸다
 애미 갑충과 애비 갑충이 창밖에서 애타는 표정을 짓고 있었다
 그들은 커다란 날개를 갖고 있었고 후려치는 빗방울을 몇 대씩 맞아가며 잠자의 눈 앞을 앵앵거리고 있었다
 그러게 뭐랬니. 네가 더 작고 어렸을 때 빠져나왔어야 했단다. 이제는 늦었어. 그래도 힘을 내봐 힘을 내봐
 희망을 늦추지 않았지만 딱딱한 갑옷은 짓이겨졌다
 고통은 기억을 깎아내렸다 졸음이 밀려들었다
 잠자는 자신이 무엇이었으며 이제는 무엇이 되어버렸는지를 차츰 잊어갔다
 방 안엔 형광등 빛이 서늘하게 뿜어지고 있었다
 저 방은 내가 살던 방이 아니야
 잠자는 오들오들 떨면서 빗방울이 운동하는 반대방향의

극점으로 시선을 집중시켰다
　어디로 돌아가야 하는가 이것은 악몽이다 분명
　저것은 내 애미가 아니다 저것은 내 애비가 아니다
　이것은 깨어나야 하는 또 하나의 꿈이다
　기억은 한층 더 가물거렸다
　바스라질 것은 다 바스라지고 잠자의 몸은 끈끈하게 녹아
흐물거렸다
　천둥번개를 동반한 세기말의 성난 폭우가 내리치고 있었고
　잠자의 아무것도 기억해낼 수 없는 옅은 의식은 꺼져가고
있었다

　천둥이여 번개여 후려쳐다오 후려쳐다오
　일단 죽어야 한다
　일단 한 방울의 액체로 나는 흘러내린다

## 어떤 건강학

운동을 열심히 하다보면 근육이 튼튼해지지만
관절은 조금씩 손상됩니다
그래서 운동을 멈추면 관절엔 무리가 없지만
전체적인 몸의 불균형이 옵니다
그렇다고 다시 또 지나치게 무리한 운동을 하면
관절이 다시 아프고
늙어서 고생을 하게 됩니다

운동을 하지 않아서는 안 되지만
아픈 뼈는 영원히 아픕니다

썩은 거름에 아픔을 견딘 쭉 뻗은 나무가 있습니다
나무뿌리 어딘가에선 시끌시끌한 비명이 들립니다

## 검은 산 하나

나는 단단해져서 너를 만나고 싶다

검은 산의 정상에 올라 눈을 치켜뜨면 안개들이 올올이 풀려 간악스런 어린 악마들처럼 나를 에워싼다 가벼운 통증처럼 고통스런 마비에 걸려들지만 연약한 그들을 떨쳐낼 수 없다

숲에 있었을 때 나는 그들과 친구였었다 나는 연약한 안개 알갱이의 일부였었다 멀리 있는 산은 검게 보였고 우리는 그 산을 검은 산이라 명명했었다 끝없이 평평한 숲에 혼자서 우뚝 선 새까만 흑점 하나를 오르기 위해 안개 친구들을 나는 배반했다

검은 산의 정상에 올라 간악스런 어린 악마들을 필사적으로 내쫓곤 한다 그러면 그들은 저 멀리 아슴한 곳까지 꼬리를 숨긴다 그리고 여기 내가 있고 그 사이에 머나먼 간극이 있다 오 풀어진 문자들이 난잡하게 흘러가는 저 헛헛한 대기. 다시 내려갈 수도 없고 그리하여 이제 연약한 그들을 떨쳐낼 수 없다 그들을 난처하게 받아 안고 서 있을 뿐이다 연약한 경련으로

매번 너를 만날 수 없다 나는 아직도 안개다
단단한 나의 벽이 될 피부를 갖고 싶다
맹렬히 속으로 안개를 불사르고

## 어떤 개미 한 마리의 위험

키 작은 인간이 돌아서며 뱉어놓은 빨간 사탕조각에
백만의 개미가 모인다
백만의 개미는 거기서 몇 백 년을 살지 모른다
미친 개미 한 마리 날뛴다
빨간 사탕물을 발에 묻히고
이상한 도형을 그려가며 왔다갔다하다가
저 멀리로 사라진다
백만의 개미는 본 척도 안 한다
미친 개미는 숲을 지나고 어쩌면
나뭇잎 타고 물도 건너리라
끈적한 빨간 사탕물이 발자국을 만든다
참 배고프겠지만
백만에, 빨간 사탕조각에 복무하지 않는
미친 개미가 떠난 길이 만약
아주 만약
더 맛난 사탕, 좋은 양식이 있는 곳이라면
언젠가 먼 훗날, 빨간 사탕조각 다 해치우는 날, 있을까
말까한 날
혹시 백만이 꼬불꼬불 일렬종대를! 이룰지도 모른다
"엄마, 저쪽 좀 보고 올게"

## 저돌적 바퀴벌레

　놈은 들뜬 장판지 밑에 자잘한 돌멩이 셋과 살고 있다
　엄마 돌멩이 아빠 돌멩이 동생 돌멩이
　저희 집은 어떤 세파에도 어떤 살충제에도 끄떡없는
돌멩이들이 모여사는
　이름하여 耐性내성의 집입니다
　낮잠에 막 들려할 때 놈이 나에게 이렇게 말을 걸었다
그래서 놈의 말을 다 들어주었다
　우리는 바퀴벌레였단다 이건 젊을 적의 아빠 돌멩이가
저에게 해준 말입니다
　놈의 말에 따르면 그 가문은 전장의 최전선에서 용맹을
떨쳤던 혈통 좋은 소대였다
　생존의 혈투를 벌이면서 선조들은 지독해졌습니다 지독한
살충제보다 더 지독해졌습니다
　지독해지다가 딱딱해졌고 딱딱해지다가 점점 돌멩이가
되어갔다? 그렇습니다 딱딱한 저희 갑옷은 돌이 되었지요
죽음까지 내모는 돌 뱃속까지 차 들어오는 돌
　돌이 말을 지나치게 떠들어댔다
　내가 당신께 이렇게 말하는 건 단지 떠나고 싶기 때문입니다
나의 이 갑옷 아니 돌을 뚫고 나가고 싶기 때문입니다
　놈은 저돌적이었다
　오토바이 질주를 하든 패싸움을 하든 누군가를 죽이든
　누군가를 살리든 이 불행한 침묵을 깨뜨리고 싶습니다
침묵은 편치 못합니다
　그리고 돌멩이는 마지막으로 이렇게 말했다
　왜냐하면 말이죠 제 속에는 벌레 한 마리가 아직도 꿈틀대고

있기 때문입니다
　놈은 그냥 돌이 아니라 돌과 대항하는
　이름하여 저돌적 돌멩이였다

　딱딱하다고 했지만 돌멩이는 푸석해보였다 말을 다 듣고 난 나는 볼펜 끝으로 꾹 눌러서 푸석한 돌멩이를 부스러버렸다

우리가 녹는다면
어깨동무하고 거푸집에 풍덩 빠졌다 나와
똑같아질 수 있겠지만


녹아버린 나는 너의 기분도 모르고 줄줄 흘러서
너의 문을 열었다
문은 저항하지 않았다
네 속에는 불지 않는 바람들 가득하고
불지 않는 가느다란 바람들이 조용히 서로를 물어뜯는 가운데
네 속에선 가구들이 팔과 다리를 갖고서
뚝딱거리고 있었다
물에도 불에도 녹지않는 탄탄한 가구들이
무엇을 닮아가려는 듯 힘겹게
뚝딱 뚝딱 뚝딱
힘들 거 하나 없다는 듯
뚝딱 뚝딱 뚝딱
가구들이 가구들을 부수거나 완성하고 있었다
가구들은 나를 밀어내지 않았지만
나는 가구들에게 밀려
귀퉁이에 웅크려 있었다
나는 점점 마르더니
조금씩 굳어지더니
가구가 되어갔다
눅눅한 의자가 되었다
눅눅해서 쓸모없는 가구가 자리를 차지하자
알뜰하고 성실한 가구들이 뒷문으로 내다버렸다
나는 다시 줄줄 녹았고

&lt;

　나는 너를 뚫고 나왔고 네 속을 닮은 가구가 되어봤지만
　네가 되어보진 못한 것이다
　불지 않는 바람들 가득하고
　불지 않는 가느다란 바람들이 조용히 서로를 물어뜯는
가운데

## 나는 거기 墓穴묘혈을 판다

      1
잠에서 깨었을 때
방 안을 떠다니는 무수한 물거품들을 보았다
깡통들 같기도 했고, 공기를 빨아들이는 대롱들 같기도
했다
깨알만큼 작으면서 보일 듯 말 듯 희뿌연 것들이었는데
몇 분 후 감쪽같이 사라졌다
그러나 그것들은 내가 어디선가 본 적이 있는 것들이다
쥐가 쥐구멍을 들락날락하듯
개미가 개미굴을 들락날락하듯
딱딱한 초침 소리를 잊기 위해 내가 많이 들어가 보았던
곳이다
언제 들어가 보았던가 이렇듯 바라볼 뿐인 그곳
때론 한 문장을 휘갈기고서
다음 문장을 쓰려는 사이
불현듯 나타난다
밥공기에서도 튀어나오고 가로수에서도 떨어져내린다
이제는 그것과 만날 때마다 그것이 지나가기만을
한참동안 기다려야 한다
그 안에는 분명히 무엇이 있었던 것 같은데
빠져나오면 잠시 쉬었다가 다시 흐르던 초침 소리
얼마 전에 만난 농부 하나는
아직도 그곳을 쉽게 출입한다고 말한다
개미가 개미굴에서 죽듯
쥐가 쥐구멍에서 죽듯

농부는 그곳에서 영원히 쉬고 싶다고 한다
고양이와 얘기하고 호랑이와 장난을 치는 곳

얼마나 내가 쬐그매져야 그 속을 드나들 수 있을까
들락날락 들락날락
저 개미들은 초침 소리를 매 순간 교묘히 빠져나가고 있다

     2
절벽 같은 벽지 위에 볼펜 끝으로 墓穴$^{묘혈}$을 판다
그리고 들어가지 못할 그 墓穴$^{묘혈}$을 가만히 바라보는 나
그 광경은 또 하나의 들어갈 수 없는 답답한 墓穴$^{묘혈}$
꽝꽝 울리는 초침 소리

## 새 침대에서*

그리하여 나는 상큼한 봄바람 한 줄기로 태어났다 휴식
중이던 병사가 무심결에 나를 들이쉬고는 갑자기 창을 겨누며
적진에 돌진하다 전사했다
    그리하여 음침한 수도원의 작은 쥐로 태어났다 너무
소심했던 나는 낮게 울리는 발자국 소리에 소스라쳐
피해다니다 숨이 막혀 죽어버렸다
    그리하여 중국에서 가슴이 가장 불룩한 왕비의 새빨간
젖꼭지로 태어났다 나를 탐한 한 신하가 역적질을 꾸미다가
발각되어 나란히 능지처참에 처해졌다
    그리하여 습지의 악어로 태어났다 낚시하던 늙은 도인은
바늘에 걸려 올라온 나를 보고는 고꾸라졌다

    그리하여 사막의 모래알로 태어났다 바람이 몰아치던 날
상인을 태운 낙타가 내 위를 한 번 밟고 지나가자 나는 스르륵
밀리더니 낮은 곳으로 하염없이 내려갔다 더 내려갈 곳이 없는
지층의 경계에 딱 멈췄는데 그곳에는 지금까지의 이 모든
것과 똑같은 생애를 거쳐온 모래알들이 암흑 속에 꽉 찬 채로
빛나고 있었다 우리는 서로 모두 수천 억의 나를 알아보면서
경악함과 동시에 뜨겁고도 끈적한 한 줌의 진흙으로 뭉치면서
사라졌다.

    그리하여 지금의 나로 태어났다 쓸쓸한 동족들 속에서
상이하게 살아간다
    그리하여 다음은 무엇으로 태어날지 모르겠다

---

\* 새로 산 침대에 누워 있으니 근래에 읽은 플로티누스의 어떤 구절이
떠올랐고, 그래서 그 침대에 엎드려 시를 쓰게 됐다. 다음의 구절이다.
"윤회하는 생들은 순차적인 꿈과 같은 것이다. 혹은 침대를 옮겨다니면서
자는 것과 같다."

## 늘 거기에 있어요

잠이 들어 눈을 뜨면 늘 거기에 있어요
혀가 저들끼리 얄밉게 날아가버린 고요한 어둠
상처들이 서로 반짝여주는, 콕콕 아파오는.
저만치 문이 보여요 끝까지 내뻗으면
닿을 성도 싶은, 죽어라고 닿지 않는.
선명히 찍힌 발자국이 등 뒤로 찌릿찌릿 불 밝혀요
아무리 벗어나려 해도 길 안인

잠이 들어 눈을 뜨면 늘 거기에 있어요
혀가 모두 망명당한, 시끌벅적한 것이 점령한, 뒤엉킨 어둠
다 아프거나, 다 멀쩡해요
어딘가 문이 있을 거라 언제나 믿어요
누군가 문 열어줄까 간절히 기다리는 곳
발 없이 쏘다니는 곳
아무리 벗어나려 해도 길 밖인

## 체코까마귀


체코까마귀에게서 엽서가 왔다. 정성들인 글자들이었으나 내가 모르는 독일어인데다 특유한 필기체였기에, 책상에 머리를 콕 박고 사전을 뒤적이며 두어 시간을 헤매고 나서, 가까스로 해독한 것이라고는, 〈성城〉이라는 낱말과 〈어떤 품 속〉이라는 전치사구 두 개가 전부였다.

돌이켜보니 체코까마귀와 나는 한 시절, 성 주위를 함께 헤매었다. 내가 아슴히 보이는 성문의 신비로운 장식에 반해, 황량한 땅을 뱅뱅 돌고 있을 때, 체코까마귀 역시 성으로 안착하기 위해 허여죽죽한 하늘을 뱅뱅 돌고 있었다. 체코까마귀는 이제 드디어 〈성〉으로 들어와 무사히 잘 살고 있다는 것일까, 〈어떤 품 속〉처럼 느끼면서? 그런 뜻이 아님을 나는 확신한다. 그렇다면 두 가지의 가능성만이 남았다. 아직도 체코까마귀는 〈성〉 주위를 맴돌고 있으며 그곳이 〈어떤 품 속〉 같아 보여서 열망을 포기할 수 없다는 내용이거나, 아니면 열망하던 〈성〉에 천신만고 끝에 들어왔으나 조금도 〈어떤 품 속〉이 아님을 깨달았다는 내용. 이렇게 결론을 내리고 나는 서둘러 답장을 써내려갔다.

〈나는 성 속에 살고 있소. 그러나 우리가 열망하던 그런 곳은 아니오. 바깥과 똑같은 헛헛한 감옥이라오. 성 밖에 바람밖에 없듯이 성 안에도 바람밖에 없소이다. 그 유혹적인 성의 형상은 성 밖의 것이지 성 안의 것이 아니라오. 나의 영혼은 불길을 잃었지만, 그래도 전혀 슬프지는 않소. 어루만지면서 슬퍼할 성의 형상을 완전히 망각했기 때문이오. 아직 공중을

배회하고 있다면, 이곳으로 들어오지 말고 성벽에 다닥다닥 붙어 있는 기괴한 모양의 딱정벌레들을 맛있게 음미하며 쪼아드시고, 이곳에 이미 들어왔다면 자신의 품 속에 자신을 꼭 껴안으시오. 가악가악 노래 부르지 말고 무덤덤하게.〉

 체코까마귀는 혹시 내가 모르는 다른 성에 들어가 살고 있는 건 아닐까? 불현듯 이런 생각이 들어 다 써놓은 엽서를 구겨버렸다.

## 소원

삶을 잔잔한 물결이게 하여 주소서
그 잔잔함 속에 작고 재미난 행복들을 쌓아가게 하여 주소서
지켜야 할 것들을 정당하게 지킬 수 있고
차지해야 할 것들을 정당하게 차지할 수 있는 세찬 불길
또한 저에게 주소서
그러나 불길이 더 이상 필요치 않을 때 용수철처럼
금세 잔잔해질 수 있는,
삶에 평온한 고향이 존재케 하여 주소서
고요한 깊이가 존재케 하여 주소서
그 고요한 깊이가 저에게 무서운 것이 아니라 포근한 것이
되게 하여 주소서
짧은 시간에 냉혹하게 결론 내리는 간사한 머리를 주지
마시고
살갗의 느낌으로 마구 흔들리는 앞뒤 없는 예민함도 주지
마시고
가슴의 묵직한 감정, 진실한 열기를 주소서
그 진실한 열기가 늘 잔잔한 물결 밑에 조금씩 치솟아
오르고 있어
육감으로 결정하고 판단해도 그것이 후회가 되는 일이 없게
하여 주소서
저에게 부족한 건 그 진실한 열기임을 알고 있나이다

또한 빠져들지 않고 즐길 수 있는 만큼의 조용한 슬픔도
주소서
그 슬픔으로 타인을 바라볼 수 있는 따뜻한 시선을 주소서

따뜻한 시선은 주시되, 충분히 이겨낼 수 있는 유혹 앞에
꼼지락거리는 불길한 충동을 주지 마소서
나를 위해 반드시 사랑해야 할 것과
끊기 힘드나 반드시 끊어야 하는 나를 소모시킬 뿐인 연민을
구별할 수 있는 힘을 주소서
구별하였을 때 다시는 흔들리지 않는 의연함을 주소서
타인 또한 나를 위해 존재해야 함을 알고 있나이다
내 영혼이 심하게 찢겨졌을 때 그 공포가 얼마나 무서운
것인지 알고 있나이다
　타인에게 아픔을 줄지언정 내 자신에게 그 공포를 주어서는
안 됨을 알고 있나이다

　진실한 열기로 자연스럽게 타인과 관계 맺음을
가르쳐주시고
　다시는 사랑이라는 착각으로 시작하여 쉽게
허물어져내리는 환상을
　제게 보여주지 마소서
　다시는 제가 누군가에게 아픔을 주지 않게 하소서

# 얼음동굴의 천사*
―김정란(시인)

∞

 상룡아, 언젠가는 살아 있는 너를 위해 이런 글을 쓰게
되기를 간절히 바랬었다. 언젠가 네가 불쑥 내 앞에 나타나
"선생님, 시들을 썼어요. 많이 기다리셨지요? 읽어주세요."
라고 말하며 네 특유의 수줍은 웃음을 웃으며 원고 뭉치를
내밀 거라고, 나는 그때까지 너를 기다릴 거라고 생각했었다.
나는 길고 순결한 네 얼굴 어디에도 죽음 같은 건 없다고
생각했었다. 어쨌든 내가 알고 있는 죽음은 없었다고
생각했다. 어떤 다른 죽음이 있었는지 그건 모르겠다.
천사들에게 가까이 가 있는 죽음. 어쩌면 그랬는지도 모른다.
내 어두운 눈이 읽어낼 줄 몰랐던…. 네가 사는 일에 잘 맞지
않을 만큼 순결한 영혼의 소유자라는 건 진작부터 눈치채고
있었다. 나는 그런 종류의 인간들을 아주 잘 안다. 그래도 나는
네가 이렇게 일찍 떠날 것이라고는 생각해본 적이 없었다.
우리 곁에 조금 더 머물러 있어줄 것이라고 기대했었다.

 그런데 너는 무연(憮然)히 '물구멍' 저 너머로 건너가
버리고, 나는 '물구멍' 이쪽에 남아 무력한 말을 다시 쓰고
있구나. 네 사라진 존재에 비하면 한없이 조잡한 말을…
뭐한다고… 그래도, 아가야, 그것이 내게 남겨진 몫이구나.
어쨌든 나는 아직 물을 건너가지 못한 것이다. 나는 네가
한없이 부럽다. 이제 공기처럼 가벼운 내 아가, 물고기 몸처럼,
물질을 잘 뚫는 '송곳'처럼, 생을 뚫고 나가버린 천진한 내
아가, 어느 날 문득 바람처럼 허공으로 사라진 내 아가.

\* 오상룡 시인의 유고 문집 『물의 구멍 혹은 물고기 詩學』에 수록된 글.
―편집자 주.

1. 오리무중

　오상룡의 시들은 생의 근원적인 의미 없음에
절망한(아니다, 이 실존주의적인 무거운 언어는 이 가벼운
천사적 영혼에게 어울리지 않는다. 그는 삶이 원래 그런
것이라는 것을 슬프게 또는 수동적으로 받아들였을 따름이다)
젊은 혼의 기록이다. 어쩌면 그는 그 근원적 무의미와 싸우기
위해 공부하고 또 하고 또 하고 했는지도 모른다. 그에게 생은
오리무중 같은 것이었다. 이를테면…

　　나는 물속 깊은 곳, 아니면 허공에 있다
　　수면에 없는 나

　　오리는 오리無中이므로 五里霧中이다

　　물속은
　　깊이를 더해갈수록 어두워진다
　　마침내 출렁이는 어둠이 내 몸을 핥아먹기 시작한다
　　알 수 없는 것, 안쪽으로부터 서서히
　　아예 땅속까지 잡아당겨주시지요

　　공중은
　　높이를 더해갈수록 밝아진다
　　마침내 딱딱한 밝음이 내 몸을 갉아먹기 시작한다
　　빤한 것, 바깥으로부터 서서히

        아예 하느님까지 잡아당겨 주시지요
                                    「오리」 부분.

　시인은 자신이 물질이라는 흔들리는 변덕스러운 요건에
붙잡혀 있는 오리라고 느낀다. 그 물적 요건은 그를 한없는
깊이의 물질성 속으로 잡아끌고 들어간다. 다른 한편에는
순수추상, 플라톤의 초월적 허공이 있다. 그것은 어쩔 수
없이 물질로 이루어진 그를 '바깥'에서 치고 들어온다. 즉
소외시킨다. 그것이라고 생을 설명하는 것은 아니다. 그것은
'딱딱한 것', 교조화된 도그마, '빤한 것'이다. 존재는 이
두 개의 대립항 어디에도 없다. 시인은 이처럼 양쪽에서
소외되어 있다. 그는 전통적인 철학적 딜레마에 빠진 자신을
'오리'라고 무른다. 그리고 약간의 말놀이를 동원하여 오리는
"오리無中이므로 五里霧中"이라고 말한다. 오리의 존재는
오리 안에 없다. 따라서 그는 자신에게 타자이다. 그는
안갯속에 있다.
　사람들은 일생동안 무엇인가를 하고 법석을 떨지만, 사실
그것은 아무것도 아니다. "생은 이곳에 있지 않(으며)",
"연보에 나오는 각 사항들은 그때마다의 걸림돌임과 동시에
피할 수 없는 타협점이었을 뿐"(「그의 연보」)이다.
　이 물질/정신의 이원론은 사실 익숙한 것이다. 그러나 두 항
사이의 거리를 극적으로 강조하여 물질을 악마로 저주하는
전투적 마니교적 입장이나, 또는 엄연히 존재하는 두 항
사이의 거리가 없는 듯이 생각하여 신비주의적 일원론 안에
잠겨 생의 구체적 감각을 놓아버리는 동양 신비주의 특유의

일원론 그 어느 것도 택하지 않고, 자신의 몸, 자신의 생 안에서 양자를 통합시켜보려고 노력했다는 것이 오상룡의 특징이다. 아니, 사실은 이 말도 맞지 않다. 오상룡은 양자의 긴장을 철학적/종교적/관념적으로 없애거나 통합하는 대신, 있는 그대로 놓아둔 채, 그 긴장 사이에서 살아갈 수 있도록 자신의 몸을 다시 세팅했다고 보는 것이 맞다. 결국 그 길은 체계를 숭앙하는 종교나 철학의 길이 아니라, 매 순간의 생의 분출에 거는 시의 길이었다.

> 동굴한테 사육당하라는 말 같아
> 장막을 건드리지 않겠어
> 끝없이 무력해질 테야
> 지상의 맨 처음의 존재로 태어난다면 얼마나 아름다울까?
> 　　　　　「동굴 입구에 서 있기 —스물 무렵의 게임 3」 부분.

시인은 "장막을 건드리지 않겠다"고 말한다. 즉 플라톤의 '동굴' 비유가 설정하고 있는 이데아의 입구, 수많은 형이상학 전통이 '보물상자'가 있는 곳이라고 선전해왔던 것, 밀고 들어가면, 휘황한 사유의 동굴을 열어 보이는 세계의 입구(물론, 시인은 이제 그 동굴이 단 하나의 동굴이 아니라, "벌집처럼" 와글와글하다는 것을 알고 있다). 그러나 시인은 그 사유의 전통 대신에 "무력해지는 것", 그리고 매 순간 새로 시작되는 생의 찬란함을 택한다. 매 순간 신성한 질문으로 들이닥치는 생 앞에 발가벗고 서 있기. 시간으로 뭉개져 느슨해지는 삶의 범속해짐에 저항하기. 순간의 충만을 무한대로 밀어 올리는 '롹커'들의 고함처럼.

　이 플랜은 그러나 본질적으로는, 아무것도 건설하려고 하지 않는다는 점에서 허무주의적이다. 이러한 관점을 뒷받침하는 구절은 이 시집 도처에서 발견된다.

　　그는 자신을 내용물이 없는 무엇이라고 여겼으며 그래서
　　생애 전체에 어떠한 것도 남기고 싶지 않았다. …(중략)… 그는
　　실체가 없는 사람이며, 그가 바라보는 곳은 존재하지 않는
　　곳이다.
　　　　　　　　　　　　　　　　　　　　「그의 연보」 부분.


　　1. 쪼그라들지 않고 가장 멀리 확장되려면, 되도록 아무것도
　　안 하고 있어야 한다는, 천성적인 신념을 갖고 출발했다.
　　　…(중략)…
　　4. 이를테면 없애기로서의 창조-로서의 확장.
　　　　　　　　　　　　　　　　　　　　「자가진단서」 부분.

　어떻게 보면, 이처럼 '아무것도 되지 않으려는' 존재의 플랜은 매 순간 신성한 떨림 앞에 마주서려는 열망과 정반대의 것처럼 보일 수도 있다. 허무주의자는 생에 대한 아무 희망도 가지고 있지 않기 때문이다. 그러나 오상룡의 경우, 이 점이 이 시인을 독특하게 만드는 것인데, 이 시인은 가능한 한 변전에 저항하는 방식으로 생의 구체적 열망을 지워버리지만, 그 대신, 매 순간 비존재/존재의 경계선까지

존재를 밀어붙인다. 그는 허무주의자이면서 동시에 극단적인 낙관주의자이다. 사실 그는 아무렇지도 않다. 세계의 고통은 이 기이한 인물에게 아무런 해도 끼치지 못한다. 이를테면 「이상하게도 봄날 – 1998년」이라는 시에서 시인은 아버지의 실직, 취직하지 못하는 과 선배들, 실연, 과음 등의 절망스러운 상황을 이야기한 끝에,

    이상하게도 내 몸은 그런대로 건강하고
    이상하게도 즐거워 죽겠다는 듯이 쏟아지는 햇볕을 바라보며 계단 귀퉁이 같은 데 앉아 있을 때
    이상하게도 그것이 지나치도록 충만하고 여유로운 것이어서 누구와도 공유 불가능한 이상한 행복감에 젖는다 한없이
                            「이상하게도 봄날 —1998년」 부분.

시인이 "한없이 이상한 행복감에 젖는다"고 쓰지 않고, "한없이"를 독립적으로 돌출시킨 데는 이유가 있다. 그것은 이 시인이 그 순간, 세계의 어떤 고통도 해를 끼칠 수 없는, 전혀 다른 시간, 무한의 시간 속으로(다른 곳에서 그는 "어떤 품 속"이라는 표현을 사용한다) 편입되었다는 뜻이다. 그러나 흥미롭게도, 시인은 이 무한의 경험에 1998년이라는 구체적 연도를 덧붙인다. 구체적 시간 속에서 저절로 가능해지는 해방. 은총이라고 밖에는 달리 표현할 수 없는 어떤 무구한 성정 덕택에 가능해지는 이 "아무렇지도 않은". 밍밍한 천사의 특성. 천성적 독립성. 세계 어느 곳에도 속해 있지 않으며 동시에 세계 전체에 속해 있는, 내 표현으로

바꾸면 "유관한 무관함". "견딜만한 희디흰 허탈함 희디흰 단순함"(「이상하게도 봄날 -1998년」). 시인은 그리고 이 시의 끝에 무심한 어조로 덧붙인다.

    이상하게도 아침만 되면 나는 다시 태어난다
    괜찮다

「이상하게도 봄날 —1998년」 부분.

이런 아름다운 무심함은 타고난 성정 덕택이었던 것 같다. 그러나 다음 시를 읽어보면 그런 것 같지도 않다. 그는 자신을 비우기 위해 엄청난 노력을 했던 것 같기도 하다.

    절그럭 절그럭 추억의 양이 많아 무거운
    몸을 이끌고 동산에 올라
    몸의 어딘가에 있는 뚜껑을 열고
    절그럭대는 모든 것을 부어내었다
    그것들은 구름이 되어 올라가기도 하고
    공기의 알갱이들을 감으며 녹아들기도 했다
    나는 속이 텅 비어 아무것도 아닌 것이 되었고
    그러자 세상이 온통 내 것, 아니 나
    아니 다 세상이 되었다
    동산에서 내려다보이는 미로의 골목길 그 가지 않던 시간이
    다 내가 되어 세상으로 흘렀다
    나는 마치 산모가 된 듯한 기분으로 온몸을 축 풀어서
    길게 드러누웠다 한껏

「텅텅 가벼웠던 어떤 꿈 얘기」 부분.

자신을 비워 세계가 되는 젊은이. 존재의 무거움과 가벼움을 모두 감싸 안으며 세계의 골목길이 되었던, 자신의 공격하는 남성의 육체를, 사랑하며 생산하는 여성의 육체로 바꿀 줄 알았던 젊은 남자. 어쩌면 이런 고결한 정신에게 삶은 그 자체로 어색한 어떤 것이었을는지도 모르겠다.


2. 뼈에서 끄집어낸 날개

오상룡의 금욕주의적 성향은 뚜렷해 보인다. 그러나 그것은 전시대의 종교적 금욕주의자들처럼 삶의 물질적 요건을 저주하는 단순한 이원론은 아니다. 그것은 물질을 "견디고" "감당하면서", 가능한 한 희박하게 만들어 버리려는 상상적 전략을 통해 드러난다. 이 상상적 전략은 '움직임'의 존재론으로 구체화된다. 고착된 물질성의 외피를 가볍게 내파하며 '움직이는' 자로서 순간순간 중력을 극복하기.

영혼의 껍질이 퍽퍽 깨지는 소리가 들리더니
영혼의 가장 깊은 알갱이들이 들썩거릴 만큼
경쾌해졌다 네가 떠나간 후부터
날아갈 수 있을 것 같다
아직 나는 날아가지 못한다
그 깊은 알갱이들과 함께 육중한 무게로

살짝 떠다니고 싶어진다

　너는 누구일까?
　어디로 떠나버린 걸까 혹시
　내 속 알갱이의 일부로써 녹아든 것은 아닐까 만일 그렇다면
　나는 껍질의 남겨진 脂粉까지 끊임없이 떨궈내면서
　즐거워하며, 온몸으로 밀고 나가는, 움직이는 차의 이름으로,
　지상을 살짝 버릴 수 있을 것 같구나
　정말 그러하다면
　가장 가까운 하늘에다 나의 감옥을 짓겠다
　문을 잠그고서 살점을 갈라 죄다 풀어놓으면
　각양각색의, 무한 증식되어 감옥을 가득 채우는,
　우여곡절 많은 오 아름다운 알갱이들
　그들과 놀면서 나는 진정으로 행복할 수 있다

　그리고
　너라는 추억, 혹은 빗나가 살고 있는 다른 시간의 너와
　가끔씩만 교신하고 싶다
　　「그리고 가끔씩만 교신하고 싶다」 부분, 윗점 강조: 인용자.

　이 시는 아마도 어떤 실연의 경험과 연관이 있는 것처럼 보인다. 그러나 그 '무서운', '구체적인', '각양각색'인, 다수성의 특징을 지닌 이 '시간의 추억'을 존재를 이루는 한 부분인 육체적, 물질적 요건으로 전환시켜 읽어도 시적으로는 크게 틀린 해석이 아니다. 결국 이 시에서 드러나는 것은 시인이

어떤 방식으로 중력(시간의 벡터에 연관되어 있는)을 극복하는가 하는 시적/철학적 방법이기 때문이다. 시인은 육체의 무거움을 부정하고 증오하는 방식이 아니라, 그것을 내 존재 조건의 일부로 통합한 뒤, 생의 매 순간의 도약에 자신의 몸을 올려놓음으로써 가볍게 띄우는 방식을 택한다. 육체와 물질은, 그노시스주의자들 이래로 '감옥'이었다. 그래, 감옥이면 어떠랴. 시인은 그 감옥을 "가장 가까운 하늘"에 짓는다. 이 찬란한 균형감각을 보라. 그 '하늘'은 일곱 하늘 저 너머의 신성한 하늘이 아니고, 나날의 하늘, 매일 볼 수 있는 하늘, 원하신다면, 구기동의 하늘, 우산동의 하늘이라고 말해도 좋다. 그곳에다가 시인은 살점이 너덜너덜한 시간의 추억을 그 속성을 그대로 유지시킨 채, 그러나 가능한 한 기름기를 빼어, 가볍게 만든 뒤에 가두어둔다. 오, 다이어트한 기억. 다수성은 다수성의 조잡함 안에 머물러 있다. 그러나 이 시인-철학자는 더 이상 플라톤의 충고를 듣지 않는다. 그는 이데아를 향해 '결정적으로 단 한 번' 솟아올라가지 않는다. 그는 무수히 여러 번 움직인다. 말 잘 안 듣는 알갱이들, 중력에 투항하는 평소의 버르장머리 때문에 자꾸 하강하는 알갱이들을 달래며, 부지런히 위로 '살짝 떠서' 움직인다.

육체의 감옥을 유지하면서 그것을 가볍게 만들려고 하는 상상적 전략은 「해골 사나이」에서는 한결 지독해진 방식으로 드러난다. 시의 앞부분에는 고딕체로 "바다에 나가니 발이 저려오고 해골 사나이가 생각난다"라는 말이 돌출해 있다. 이 구절은 시인이 '바다'라는 원초성의 공간에 갔을 때, 내면에서

치미는 강렬한 존재의 소환을 격렬하게 느꼈다는 것을 말하고
있다. 이어지는 시에서 시인은 "일광욕을 하다가 울곤 하던 그
사내"는 "나비타령만" 했었는데, "차도에 깔린 나비를 주워와
날개를 뜯어내고 몸통만 수집했었다"고 말한다. 그리곤 어느
날 시인의 꿈속에 나타나 옷을 모두 벗고, 살갗까지 벗고,
허파와 심장과 뇌수를 끄집어내고는 "앙상한 해골"만 남아
"뼈를 문지르기 시작했다"고 쓴다.

   3
   혼을 다하여 뼈를 문지른다
   딱딱한 돌은 차츰 거칠게 박박 문질러지고
   문질러대도 순백으로 반질반질해지기만 하다
   묵중한 흑 속에 가녀린 백이 끝까지
   털어내듯 뼈를 문지른다
   그러다가 마침내……
   ……천천히 날리는 것이다
   세상 하나인 광채를 곱게 날리는 脂粉
   (어디선가 웅장한 음성이 왕왕거리며 취한 듯 절규한다)
   여기 이 광채 알갱이들이 낱낱 눈[眼]이니라!

   뼈로 보는 사내 빛나는 사내 날린다
   눈에 눈 멀어 찬란하게 소멸하는 시간
   순간, 순간, 순간, 빤짝, 빤짝, 빤짝

   해지는 저 물비늘

삐리삐리찌리릿틱틱쇠 — 저린 발에 피가 돈다
「해골 사나이」 부분.


'뼈'의 상징적 의미는 그것이 부패에 가장 오래 저항하는 육체의 부분이라는 의미와, 그것이 육체의 가장 내부에 있는 기관이라는 의미와 함께, 명백하게 반육체적/금욕적 성향을 드러내고 있다. 따라서 '해골 사나이'의 표지가 가벼움의 대명사 '나비'인 것은 조금도 놀라운 일이 아니다. 그런데, 흥미롭게도, 이 해골 사나이는 "나비 날개를 떼어내고" "몸통만 수집한다". 이것은 오상룡의 존재론적 전략이 어떠한 것인가 단적으로 보여주고 있다. 그는 육체 밖에서 어떤 초월적 덕성에 의해서가 아니라, 육체 안에서 날개를 끄집어내려는 것이다. 사내는 몸통 안에서, 오로지 그 안에서 날개를 발명하려고 한다. 사내는 옷과 육체를 모두 벗고, 뼈를 문질러 그 안에서 날개를 끄집어낸다. 그리고 그때 어두운 육체, 스스로 지성을 가지지 못한 육체는 인식과 빛의 기관인 '눈', '수천의 눈'을 가진 육체, 릴케적 의미에서의 천사가 된다. 그리고 보라, 마지막 시행의 신성한 "대립물들의 통합"을! 물, 흔들리는 무거운 요소는 갑자기 정신적 물질인 불을 만나 계시처럼 빛나며 장엄한 소리를 내지른다.

해지는 저 물비늘
삐리삐리찌리릿틱틱쇠 — 저린 발에 피가 돈다
「해골 사나이」 부분.

우리는 바다가 해를 만나 내는 계시의 소리가 매우 강렬한
물과 불의 통합으로 제시되고 있다는 사실을 주목해보아야
한다. 여기에서 불은 바슐라르가 "비현상화한 현상"이라고
불렀던, 비물질성이 강화된 '빛'으로서가 아니라, 에너지
덩어리인 '전기'로 소환되고 있다. 두 대립되는 신성한 물질은
정말로 '물질적으로' 만난 것이다. 그러나, 정말로 얼마나
놀라운 시인인가. 오상룡은 이 강렬한 의성어 뒤끝을 "솨"라는
물소리로 끝내고 있는 것이다! 그렇지 않은가, 오, 우리는
어쨌든 이 땅에 불이 아니라, 물의 존재로 남아 있는 것이다!
따라서, 이 현대의 그노시스주의자는 불을 따라 우주로
날아가 버리지 않는다. 그는 우리의 어둡고 무거운 조건을
연인처럼 껴안고 있다. 삶은 어쩌면, 무한히 긴 '개목걸이'를
달고 있는, 자신의 존재를 설명할 어떤 능력도 없는 '개'인지도
모른다(「개집과 이어진/무한히 긴 개목걸이를 달고
있는/개」). 그렇다 할지라도 시인은 '개'를 쫓아내지 않는다.

   시인 자신에 의해 '너무 옅은 것을 발명해 그것에
의탁하기'(「자가진단서」)라고 명명되기도 하는 이 육체
안에서 육체 넘어서기의 상상적 전략은 '몸속에 바람
집어넣기'라는 형태로 나타나기도 한다(「서늘한 바람
詩」). 그럴 때 시인은 "겸손한" 자아, 우주에 통합된,
무겁고 동시에 가벼운 존재가 된다. "겸손함으로, 내가
네가 될 수 있음을 삶과 죽음이 무한한 가면을 벗을
수 있음을 잘 아나이다", 그러므로, 우주의 바람이여,
"사바세계노아의방주개미의똥구멍" 속으로 불어오소서. 이

다다다닥 붙여 쓴 표현은 우주와 사람 그리고 곤충의 세계까지
대우주와 소우주가 실은 하나로 꿰어져 있음을(바람이 한
줄로 관통하는) 드러내어 보이는 문법적 장치이다. 그가
자신을 바람이 잘 통하는 '망사인간'이라고 지칭할 때는
슬며시 웃음이 나왔다. 그렇지, 상룡은 망사 같은 인간이었지.


3. 얼음 오두막

타고난 스토아주의자인 듯한 이 절제의 시인은 그러나
이따금 내면에서 치솟아 오르는, 시인 자신이 "내 안의
요괴"라고 부르는 어떤 원초적 존재의 방문을 받기도 한다.
그런 존재를 표현하는 시들 안에서 그의 타고난 재능은
번뜩인다.

할멈은 골칫덩이였습니다. 내가 땔감을 구해와 불을 지피고
그 위에 정신없이 뭔가를 굽고 있을 때 할멈은 뜨개질도 하지
않고서 삐걱대는 의자에 가만히 앉아 있었습니다. 이상하게도 그
겨울 오두막에서 할멈의 정면 얼굴은 본 적이 없었더랬습니다.
아니면 내가 보려고 하지 않았던 건지, 봤는데 전혀 기억나지
않는 건지. 할멈은 창가에서 하얗게 세어버린 뒷모습을 하고선
작은 잿빛 고양이를 쓰다듬기만 했습니다. 오두막은 지나치도록
넓고 휑했고 가구는 지나치도록 단출했습니다. 나는 춥기도
했고, 그 어색한 공간들을 채우려고 뭔가를 열심히 구웠던 것
같습니다. 아기자기한 장식품이 구워지기도 하고 거대하고 무슨

형체인지 모를 것이 구워지기도 했지만 대부분은 다 구워지기 전에 뭉그러지거나 한꺼번에 얇고 날카로운 한 줌의 조각으로 깨져버렸습니다. "자꾸 뭘 그렇게 만드니? 쉽게 만들어지는 건 아무것도 아니란다. 아무것도 아닌 게 무엇이 되는 법이란다. 가장 늦게 더 늦게 만들렴. 실하고 정말 귀한 것을 만들어내고 싶지 않니?" 할멈은 나직나직 얘기했지만 나는 못들은 척하고 불을 더 활활 지폈습니다. 작은 잿빛 고양이는 겨울이 다 가도록 조금도 자라지 않았습니다. 발톱도 이빨도 툭툭 부러졌습니다. 고양이는 그런 자기가 못마땅했던지 새 순이 한껏 움틀 태세를 하고 있는 숲속으로 도망을 쳤습니다. 할멈은 뜨개질한 털옷들을 일일이 풀고는 했고 나는 틈만 나면 맨손체조를 했습니다. 할멈은 의자에서 똑같은 모습으로 졸다가 깼다가 했습니다. 그러다가 문득 봄이 찾아왔을 때, 갑자기 녹아서 콸콸 흐르는 물을 나는 길으러 가야 했습니다. 오래 닫혀 있던 문을 여는데 할멈이 뒤에서 불러 세웠습니다. 가느다랗게 뜬 할멈의 눈이 경련을 일으켰습니다. "얘야, 억지로 얼음을 깨치 말거라. 얼마나 오래 흘러 겨우 언 것들인데." 그리곤 할멈의 몸이 쑥 의자에서 흘러 바닥으로 미끄러졌습니다. 그때 할멈의 얼굴을 정면으로 보게 됐는데, 그 얼굴은 섬뜩하게도 해사한 소녀였습니다. 할멈은 그 겨울 오두막에서 그렇게 죽었습니다. 하나도 늙지도 않고 하나도 안 아프게 아무것도 아닌 채로 다른 세계로 미끄러져 가버렸습니다. 나는 그 겨울 오두막을 성급하게 떠났습니다. 그리고 성급하게 어른이 되어버렸습니다. 잔잔한 연못 같았던 할멈은 어떤 더위에도 녹지 않고 또 한없이 맑은 얼음이 되고 싶어 했을까요? 아니면 얼음이 되기 싫어했을까요?

어쨌든 할멈은 아직은 얼음이 되지 않았을 것만 같습니다.
「할멈과 지낸 겨울 오두막」 전문, 윗점 강조: 인용자.

할멈은 시인 내면의 여신, 융(Jung)식으로 말하면 아니마라고 불러도 좋을 것이다. 시인이 여기에서 말하고 있는 '형태 만들기'라는 주제와 연관지어 생각하면, 뮤즈라고 볼 수도 있다. 그녀는 수천 년 묵은 쪼그랑 할머니이면서 동시에 영원히 나이를 먹지 않는 '태초의 여신', '영원한 처녀'이다. 그녀가 데리고 있는 고양이는 오상룡의 시 여러 곳에서 나타나는데, 이 동물은 밤의 동반자, 시인이 자기화한 여신의 자질이라고 해석할 수 있다. 그놈은 시인의 여신과의 동거에도 불구하고 영 자라지를 않는다. 그것은 시인이 원하는 형태를 만들지 못했던 예술적 상황과 연관이 있다. 그리고는 결국 인류의 고향인 숲으로 도망쳐버린다.

할멈은 사실은 그 누구도 아니다. 그녀는 노바디, 애니바디, 또는 에브리바디일 수도 있다. 그녀는 인간 각자 안에 존재하는 원초적 직관, 영성의 담지자. 늘 죽지만 늘 되살아나는 영원한 순환, 생명력 그 자체이다.

봄이 되어 시인이 물을 길으러 가야 했을 때, 즉 신성한 세계를 떠나 세상의 온기로 귀환해야 했을 때, 할멈은 "얼음을 깨지 말라"고 이른다. 그 얼음은 자연이 만든 '아무것도 아니면서 그 무엇인 형태', 어쩌면 가장 완벽한 형태, 시의 이상인 영혼의 결정화일 터이다. 성녀 아빌라의 테레사가 '수정'으로 묘사했던 영혼의 순수 형태. 그러나 어린 시인은 그녀의 말을 알아듣지 못한다. 할멈은 그래서 녹아버린다. 이 찬란한 얼음동굴은 트리스탄과 이졸데가 머물렀던 '사랑의 동굴'과 같은 의미를 가지고 있다. 자연의 한가운데에 있는 곳. 그러나 그곳에서 어떤 영혼들은 지고한 형태를, 우주가 만들어낸 형태를 만나는 것이다. 그 동굴에서 바람은 사방에서 불어온다.

  오상룡은 그 얼음동굴에서 무엇인가를 만났을까? 그랬던 것 같다. 그렇게 아무 말도 없이 뒤도 한 번 돌아보지 않고 세계 밖으로 걸어 나간 것을 보면. 다음의 시에서도 이 시인이 어떤 특별한 순간에 해독되지 않는 저 세계의 암호들을 만났다는 것은 분명하다.

    달도 없는 야심한 밤, 그친 비가 반짝이며 잦아드는 길
  바닥에
    담뱃불을 던져 끄고서
    나는 고양이 삼백 마리를 풀어놓는다

    꼬리에 불이 붙지도 않았는데
    고양이들은 길길이 날뛴다
    희한한 상형문자 모양의 커브선을 제각각 그려가며 삼백
  마리가
    장난질도 아닌 싸움질도 아닌 도망도 아니고 갈망도 아닌
    내가 짐작할 수 없는 어떤 힘의 향연을 벌인다
    단 한 마디의 울음소리도 없이
    길바닥은 단지 헤아릴 수 없이 빠르고 무질서한 발바닥
  소리로

더럽혀진다

　　저들은 이미 저 복잡한 운동의 선들을 준비하고 있던 것일까
　　그건 아니겠지
　　누군가가 저들을 지독하게 억압했던 것일까
　　그것도 아니겠지
　　그렇다면 너희들의 한밤의 이 미친 짓은 대체 무엇이냐
　　나는 그것을 해독하려고 잠시 생각을 꼬물거리다가 이내
포기하고
　　고양이 삼백 마리를 다시 모두 거두어들인다

　　그리고 걷는다 헛헛함에 다시 새 담배를 꺼내 물고
　　정처 없이 아무 골목이나
　　고양이들의 소리가 전혀 들리지 않는다
　　시치미를 떼고 얌전히 있는 것이 아니라, 아예 사라진 것이다
　　녀석들은 언제나 이런 식이다
　　그들의 습성에 따라, 한바탕 실컷 놀고서도 나에게서 또 한
번의 승리를 거두었다
　　　　　　　　　　　　　　「고양이 상형문자」 전문.

　　한국 남성 시인으로서는 이 세계에 관한 상상력을 이 정도로 솔직하게 드러낸 시인은 아마도 오상룡이 처음인 것 같다. 일반인들과 평론가들에게서 완전히 버림받고 있는 정지용의 시 몇 편이 있고, 이상(李箱)이 뒤죽박죽으로 드러내는(그러나 종교적/영적이라기보다는 문화적인) 내면시들이 있고, 문단의

평가가 두려웠는지 생전에 발표하지 못했던 작품들 몇 편
안에서 기형도가 이 세계의 탐험을 시도하지만, 오상룡처럼
분명한 의식을 가지고 있었던 것처럼 보이지는 않는다.
오상룡의 「할멈과 지낸 겨울 오두막」은 그런 점에 있어서
가장 독보적인 내면시로 꼽힐 것이 틀림없다. 비록 우화의
형식으로 쓰여 있기는 하지만, 남성 시인들이 검열에 걸려 잘
형상화하지 못하는 내면적 존재를 이 정도의 깊이로 묘사한
시인은 일찍이 없었다.


4. 물고기 또는 몸으로 미망의 벽 뚫기 — 무형태의 형태

　　오상룡의 시적 형상화의 마지막 이미지는 물고기이다.
물고기는 여러 가지 면에서 이 스토아주의자에게 사랑받을
만한 요소를 지니고 있다. 우선 그것이 잘 알려진 영혼의
상징이며 지혜의 상징이라는 점을 들 수 있다.

　　　　그러고 보면 저 작은 물고기는
　　　　물과 물 사이의 틈을 헤집고 있다
　　　　물과 물 사이의 아주 희박한
　　　　아예 없다! 라고 말할 수밖에 없는 구멍을 비집고 들어가고
　　　　또 비집고 들어가 자신의 궤적을 늘려가고 있다
　　　　물고기에겐 물이 참 딱딱할 것이다
　　　　딱딱하고 너른, 널빤지 같은 물의
　　　　광포한 절벽들 혹은 두께들 앞에서

구멍을 뚫는 저 작은 물고기는
스스로 오직 한 몸으로
몸이 들어갈, 오직 한 몸에 딱 맞는
공간을 창조해
그 속으로 들어가고 있는 저 작은 물고기는
물고기이며 또한 예리한 송곳이다
송곳으로 구멍 뚫은 공간 안에 굳이
노래가 될 입김을 불어넣지 않는다
공간이 창조되는 순간 딱 맞는 한 몸을
채워 넣을 뿐인 저 작은 물고기에게
그 공간은 옷과 같다
꼭 필요한 옷들만을 자유자재로 늘려가고 있는 저 작은
물고기는
옷을 입는 순간 바로 다음 옷을 입어야 하는 저 작은 물고기는
매 순간이 이사 가는 날이다
움직임이 그냥 몸이며 그냥 옷인,
옷이 돼버리는
딱딱한 널빤지를 뚫기 위해 단 한 순간도
지느러미를 늦출 새 없이 어디론가 나아가고 있는 저 작은
물고기에게
저 부드러운 송곳인 저 탐스러운 한 몸은
그러니까 그냥 詩다.
「물의 구멍 혹은 물고기 詩學」 전문, 윗점 강조: 인용자.

물고기는 가장 오래된 인류학적 상징 중의 하나이다. 그는

어머니 뱃속의 태초의 주민이며, 정신분석학적으로는 개체
의식 분화 이전의 통합적인 무의식/영혼을 나타내기도 한다.
예수가 처음 제자 삼은 자들이 본래 어부였고, 그들을 향해
예수가 '내가 너희로 사람을 낚는 어부가 되게 하겠다'고 말한
것을 통해 그는 '영혼의 어부'라는 의미를 가지게 되었다.
그러한 의미들은 인용시에서 모두 유지되고 있지만, 더욱
중요한 것은 이 안에서 개진되고 있는 오상룡의 시학이다.
앞서도 살펴본 것처럼, 오상룡의 세계는 부드러운 이원론의
세계이다. 그는 본질적으로 세계의 물질성을 영혼의
비물질성의 반대항으로 인식하고 있다. 그에게 '시'는 바로
흔들리는 물질을 통어(統御)하여 견고한 형태를 만들어내는
작업('얼음'이 가장 전형적인 예. 살 대신 '뼈'를 택하는
것도 그러한 관점으로 이해할 수 있다)이다. 이것을 공간
용어로 바꾼다면, 비장소를 장소로 만드는 작업(「개집과
이어진/무한히 긴 개목걸이를 달고 있는/개」에서는 '집'으로
명명된다)이라고 할 수 있다.

  시인은 물고기를 보며 감탄한다. 물고기는 가장 불안정해
보이는, 가장 물질적인 물질인 비항구성의 대명사인 물을
존재의 터로 삼고 살아간다. 물에 비하면 비교적 견고한 대지
위에 살고 있는 인간은 여러 가지 항구적 장치들을 만들고 그
안에 들어가 살고 있지만, 늘 집이 아닌 곳에 있는 것 같고,
맞지 않는 옷을 입고 있다는 느낌으로 괴로워한다. 시 쓰기
역시 마찬가지이다. 불투명한 물질적 요소를 지닌 시니피앙이
시에게 주어진 도구이지만, 그것은 붙잡혔는가 싶으면 어느
틈에 도망쳐버린다. 그 시니피앙에 상징성을, 온갖 수사학을

덧붙여보지만 아무 소용도 없다. 그것은 시간처럼 덧없다.
인간은 거창한 철학, 종교, 신화 등 온갖 화려한 개념체계까지
동원하여 부패하는 물질이라는 존재의 한 요소와 싸우지만,
언제나 패배는 예정되어 있다. 인간은 형태를 껴입을수록 옷을
벗는 꼴이다. 인간은 핵심에서 멀어지기 위해서만 글을 쓰는
것처럼 보인다. 우리는 존재의 거지가 되기 위해서만 존재를
탐구하는 것처럼 보인다.

 그러나 물고기라는 이 소박한 물의 주민은, 가장
물질적이며 가장 덧없는 물질을 상대로 놀랍도록 유연한
형태를 만들어낸다. 게다가 그것은 몸 하나만으로 그 물질에
대응한다. 놈은 결코 인간이 하듯이 자신의 창조 행위에서
몸을 소외시키지 않는다. 부드럽게, 그러나 매 순간, 형태는
완벽하게 형성된다. 변전의 속성처럼 움직이는 형태. 움직임이
바로 형태인 형태. 그것은 매 순간 흔들리는 비장소를 자기
몸에 꼭 맞는 공간-장소로 만든다. 그것은 최소한의 면적으로
정확하게 구멍을 파내는(따라서 물질로부터 최소한의
저항을 유발하며) 송곳처럼, 현기증 나는 미지의 텅 빔이라는
광활한 우주에 제 몸에 맞는 공간-옷-집을 창조한다. 그것은
움직이는 존재 생성의 기계와도 같다. 오, 게다가, 이 빌어먹을
썩어갈 육체가 바로 존재 생성의 매체 그 자체라니! 덧없는
육체에 대항하기 위해 견고함의 에이전트인 정신을 발명하고,
그것도 모자라 영혼에다가 무의식까지 덧붙이고, 온갖 관념적
치장을 하고, 신과 문화를 불러들이면서도, 늘 집에 있지
못해서 불안해하는 인간이 이룩하지 못한 저 유연한 형태
창조의 기적을 보라!

∞

상룡은 그 형태를 찾아갔을까? 그러니, 아가야? 그런데 나는, 이 글을 쓰면서 가슴이 송곳으로 찔린 듯 아프구나. 오래 살았더라면, 얼마나 마음 놓이는 글 친구가 되었을까? 오래 함께 걸어갈 수 있었으련만…. 네 무위의 잔잔함이 얼마나 많은 사람들에게 위안이 되었을까? 그 있는 듯 없는 듯 부드러운 정신과 성품으로…. 그러나 천사들은 인간들 옆에 오래 머물지 않는다. 얼음은 빨리 녹아버린다. 슬프게도…. 오 하느님….


## 떠나간 어린 왕 하나
— 상룡에게

어떤 바람이 불었을까. 어떤 조용한 나뭇잎 사이로.
계절이 언제인지 모르겠다.

시간은 화를 내며 어디론가 가버린 것 같다.

나는 어린 왕들을, 보이지 않는 순결한 그들을 따라갔다.
때로 그들의 그림자가 우주의 어떤 작은 집을 떠나
내 늙고 지친 어깨 위에 내려앉았었다.

<

그리고 울음 소리,
멀리에서 가까이로 가까이에서 멀리로
순간 이동을 하는
고요한 고요한 울음소리.

시간이요? 엄마, 그건 아무 의미도 없어요.
내가 세상에 없는 것만큼이나요.

나는 어린 왕들 중 하나가 문득 사라졌다는 걸
깨달았다. 아무리 생각해도 이해되지 않는 사라짐.
강압적인 잔인한 설명되지 않는 부재.

나는 혀를 안으로 말아넣는다.

어린 왕 하나 늙은 내가 따라갔던 순결한 그림자 하나
내 어깨에 슬프게 놓였다가 떠난 어린 왕 하나
내 무력한 혀는 네 떠남을 설명하지 못한다

문득 내 지친 발끝에서 파도가 들이치는
천 길 낭떠러지가 일어선다

가만히 들여다보면 그 무서운 고요 속에서
하느님의 얼굴이 보이는 것 같기도 하다
설명되지 않는 거대한 얼굴 슬픔이며 위안인 얼굴

시인에 대하여

## 오상룡(吳相龍)

1974년   서울 출생.
1993년   보성고등학교 졸업 후 상지대학교 입학, 2년 수료
         후 군 입대.
1994년   상지대학교 재학중 '상지대 문학상' 수상.
1996년   서울예술전문대학(현 서울예술대학교) 문예창작과
         입학 및 졸업.
1998년   성균관대학교 철학과 입학 및 졸업.
2002년   성균관대학교 대학원 철학과 석사과정 입학.
2003년-2004년   교환학생 자격으로 프랑스 몽펠리에 대학교
         유학.
2004년   석사학위 논문 준비 중 타계.
2005년   김학현 등 시인의 벗들이 유고를 모아 문집『물의
         구멍 혹은 물고기 詩學』을 인쇄. 이 가제본 된 문집
         속에 상지대 교수 김정란 시인이 제자 오상룡
         시인을 추모하며 집필한 발문 겸 해설이 수록됨.

프랑스 몽펠리에 대학교 유학 시절의 시인

# 텅텅 가벼웠던 어떤 꿈 얘기 오상룡 시전집

초판 1쇄 발행 2019년 5월 30일

지은이  오상룡
편집   안희성
발문×해설 김정란

펴낸이  신동혁
펴낸곳  최측의농간
출판등록  2014년 12월 31일 제25100-2017-000014호
주소   서울시 마포구 마포대로 25 7층 78-1
전자우편  choicheuks@gmail.com
블로그  blog.naver.com/choicheuks
대표번호  0507-1407-6903
팩스번호  0504-467-6903

© 오충수, 2019, printed in Korea
이 책의 판권은 저작권자와 최측의농간에 있습니다. 이 책 내용의 전부 또는
일부를 재사용하려면 반드시 양측의 서면 동의를 받아야 합니다.

ISBN 979-11-88672-16-5 (03810)
이 도서의 국립중앙도서관 출판예정서목록(CIP)은
서지정보유통지원시스템 홈페이지(http://seoji.nl.go.kr)와
국가자료공동목록시스템(http://www.nl.go.kr/kolisnet)에서 이용하실 수
있습니다.(CIP제어번호: CIP2019018807)